CB080336

Impactos econômicos e financeiros da UNESP para os municípios

FUNDAÇÃO EDITORA DA UNESP

Presidente do Conselho Curador
José Carlos Souza Trindade

Diretor-Presidente
José Castilho Marques Neto

Editor Executivo
Jézio Hernani Bomfim Gutierre

Conselho Editorial Acadêmico
Alberto Ikeda
Antonio Carlos Carrera de Souza
Antonio de Pádua Pithon Cyrino
Benedito Antunes
Isabel Maria F. R. Loureiro
Lígia M. Vettorato Trevisan
Lourdes A. M. dos Santos Pinto
Raul Borges Guimarães
Ruben Aldrovandi
Tania Regina de Luca

Editora Assistente
Joana Monteleone

Coordenador e organizador
José Murari Bovo

Impactos econômicos e financeiros da UNESP para os municípios

Editora UNESP

© 2003 Editora UNESP

Direitos de publicação reservados à:
Fundação Editora da UNESP (FEU)
Praça da Sé, 108
01001-900 – São Paulo – SP
Tel.: (0xx11) 3242-7171
Fax: (0xx11) 3242-7172
www.editora.unesp.br
feu@editora.unesp.br

Dados Internacionais de Catalogação na Publicação (CIP)
(Câmara Brasileira do Livro, SP, Brasil)

Impactos econômicos e financeiros da UNESP para os municípios / coordenador e organizador José Murari Bovo. – São Paulo: Editora UNESP, 2003.

Bibliografia.
ISBN 85-7139-480-6

1. Universidade Estadual Paulista Júlio de Mesquita Filho – História
I. Bovo, José Murari.

03-4393 CDD-378.8161

Índice para catálogo sistemático:
1. UNESP: Universidade Estadual Paulista Júlio de Mesquista Filho: Impactos econômicos e financeiros: Ensino superior 378.8161

Editora afiliada:

Asociación de Editoriales Universitarias de América Latina y el Caribe

Associação Brasileira de Editoras Universitárias

CÓPIA NÃO AUTORIZADA É CRIME
ABDR
ASSOCIAÇÃO BRASILEIRA DE DIREITOS REPROGRÁFICOS
RESPEITE O DIREITO AUTORAL

Sumário

Equipe técnica

José Murari Bovo – Coordenador Geral
Professor do Departamento de Economia
Faculdade de Ciências e Letras – *Campus* de Araraquara

Elias José Simão – Coordenador Geral
Professor do Departamento de Gestão e Tecnologia Agroindustrial
Faculdade de Ciências Agronômicas – *Campus* de Botucatu

Elton Eustáquio Casagrande – Consultor
Professor do Departamento de Economia
Faculdade de Ciências e Letras – *Campus* de Araraquara

Dalton Geraldo Guaglianoni – Consultor Estatístico
Professor do Departamento de Administração Pública
Faculdade de Ciências e Letras – *Campus* de Araraquara

Ernani Mandarino – Auxiliar de Pesquisa
Bacharel em Ciências Econômicas
Faculdade de Ciências e Letras – *Campus* de Araraquara

Diana Luzia da Silva – Auxiliar de Pesquisa
Bacharel em Ciências Econômicas
Faculdade de Ciências e Letras – *Campus* de Araraquara

Coordenadores dos *campi**

Prof. Albério Neves Filho
Faculdade de História, Direito e Serviço Social

Prof. Antonio Carlos Manduca Ferreira
Faculdade de Ciências Agrárias e Veterinárias – Jaboticabal

Prof. Antonio Nivaldo Hespanhol
Faculdade de Ciências e Tecnologia – Presidente Prudente

Célia Aparecida Gomes F. Gavaldão
Funcionária da Seção de Graduação – Faculdade de Ciências – Bauru

Prof. Celso Koogi Sonoda
Faculdade de Odontologia – Araçatuba

Profa. Dagmar Aparecida C. França Hunger
Faculdade de Ciências – Bauru

* Responsáveis em seus respectivos *campi* pelo levantamento dos dados utilizados na pesquisa.

Prof. Fernando Ferrari
Instituto de Biociências, Letras e Ciências Exatas – São José do Rio Preto

Profa. Iandara Alves Mendes
Instituto de Geociências e Ciências Exatas – Rio Claro

Prof. João Luis Cardoso Tapias Cecantini
Faculdade de Ciências e Letras – Assis

Prof. José Augusto Chaves Guimarães
Faculdade de Filosofia e Ciências – Marília

Prof. José Matheus Yalenti Perosa
Faculdade de Ciências Agronômicas – Botucatu

Prof. Luiz Roberto Carroci
Faculdade de Engenharia – Guaratinguetá

Profa. Maria Aparecida Anselmo Tarsitano
Faculdade de Engenharia – Ilha Solteira

Prof. Paulo Villela Santos Junior
Faculdade de Odontologia – São José dos Campos

Siglas utilizadas

CNAE	Classificação Nacional de Atividades Econômicas
FPM	Fundo de Participação dos Municípios
Fundunesp	Fundação para o Desenvolvimento da UNESP
ICMS	Imposto sobre Circulação de Mercadorias e Serviços
IBGE	Instituto Brasileiro de Geografia e Estatística
IPVA	Imposto sobre a Propriedade de Veículos Automotores
PEA	População Economicamente Ativa
PIB	Produto Interno Bruto
RAIS	Relação Anual de Informações Sociais
Seade	Fundação Sistema Estadual de Análise de Dados
UNESP	Universidade Estadual Paulista "Júlio de Mesquita Filho"
Unicamp	Universidade Estadual de Campinas
USP	Universidade de São Paulo

Agradecimentos

O apoio e o incentivo de algumas pessoas tornaram possível a realização deste trabalho.

O Prof. Dr. José Carlos de Souza Trindade, Magnífico Reitor da UNESP; Prof. Dr. Elias José Simon, que partilhou comigo a coordenação da pesquisa e que sempre foi um entusiasta da sua atualização; os diretores das unidades da UNESP – pessoas que, ao cobrar a atualização dos dados referentes aos impactos da UNESP, compreenderam o seu significado e a sua importância e, simultaneamente, incentivaram a realização deste trabalho.

Os servidores técnico-administrativos das faculdades e institutos pesquisados e, especialmente, Rogério Luiz Bucelli, responsável pelo Grupo Técnico de Planejamento Estratégico da Assessoria de Planejamento e Orçamento da Reitoria, que deram uma importante contribuição para o levantamento dos dados necessários à realização da pesquisa.

Registro dois agradecimentos especiais: um, ao Prof. Dr. Elton Eustáquio Casagrande, companheiro de trabalho no Núcleo de Conjuntura e Estudos Econômicos do Departamento de Economia que coordenou a elaboração dos textos relativos ao perfil demográfico e socioeconômico dos municípios onde a UNESP está presente; o outro, ao Prof. Dalton Geraldo Guaglianoni que, com sua enorme paciência, elaborou as amostras dos alunos entrevistados em cada *campus*. A elaboração da amostragem, além de exigir o conhecimento dos instrumentos estatísticos e dos sistemas de computação envolvidos, revelou-se um exercício de paciência em razão da diversidade e da *antigüidade* jurássica da linguagem computacional presente nas listagens de alunos existentes nas unidades universitárias. A menção a esse fato tem por objetivo tão-somente chamar a atenção para a necessidade de atualização desses programas.

Os agradecimentos especiais também se estendem aos auxiliares de pesquisa Ernani e Diana, alunos do curso de Ciências Econômicas, que trabalharam sob minha coordenação desenvolvendo um trabalho profissional sério e competente.

Os docentes e servidores técnico-administrativos responsáveis pelo levantamento das informações, que permitiram avaliar os impactos econômicos e financeiros da Universidade, aqui citados como coordenadores nos *campi*.

Finalmente, um agradecimento especial à Fundação para o Desenvolvimento da UNESP (Fundunesp), responsável pelo financiamento da pesquisa.

É importante registrar que nenhuma dessas pessoas e/ou instituições mencionadas tem qualquer responsabilidade pelos equívocos porventura existentes no trabalho.

Introdução

É com muita satisfação que apresentamos os resultados do segundo estudo sobre o impacto econômico e financeiro da UNESP para os municípios onde seus *campi* estão localizados.

Os serviços ligados ao trabalho acadêmico efetuado nas 25 unidades universitárias da UNESP contribuíram para manter, em 2001, 7.500 empregos[1] diretos e injetaram na economia desses municípios 650 milhões de reais.[2]

Além disso, há que considerar ainda que os efeitos do trabalho científico universitário provêm da sua contribuição na formação de estudantes no ensino superior e de seu poder de exercer um efeito multiplicador na economia local e regional por meio do investimento realizado em obras, equipamentos, infra-estrutura etc.

Os dados apresentados neste trabalho confirmam que os investimentos governamentais nas universidades públicas e o trabalho científico por elas desenvolvido são necessários e indispensáveis para o dinamismo das economias das cidades que as abrigam.

Há que considerar ainda as despesas de subsistência dos estudantes dos cursos tanto de graduação quanto de pós-graduação (*stricto* e *lato sensu*) que, ao comprar bens e serviços, também contribuem para o funcionamento do efeito multiplicador. Considerem-se também as despesas dos participantes dos con-

---

1 Considerando o total de docentes e servidores técnico-administrativos da ativa existentes nos dezesseis *campi* da UNESP e na Reitoria no ano de 2001.

2 Fonte: *Anuário Estatístico da UNESP* – 2002 – Assessoria de Planejamento e Orçamento (Aplo – UNESP).

gressos, colóquios ou seminários científicos realizados nos vários *campi*,[3] que contribuem para injetar um montante considerável de recursos financeiros nas economias locais.

Embora importante, no entanto, essa não é a principal contribuição da Universidade. Com efeito, aos impactos econômico-financeiros acrescenta-se o impacto dinâmico para a sociedade resultante da formação e do melhoramento do capital humano que anualmente ingressa no mercado de trabalho.

A contribuição específica e insubstituível do trabalho científico universitário consiste na formação de capital humano e, a partir dele, no seu poder de multiplicar para a economia e para a sociedade os frutos de seu trabalho especializado.

Do ponto de vista das autoridades governamentais responsáveis pela distribuição de fundos públicos, as universidades concorrem diretamente com outras áreas do setor público, como saúde, cultura, previdência social etc. As universidades concorrem também com as atividades de todos os tipos que igualmente reivindicam a ajuda governamental: eventos esportivos, festivais, trabalho científico e desenvolvimento privado, implantação de indústrias em regiões menos desenvolvidas ou afetadas pelo desemprego etc.

Para justificar a concessão de fundos públicos necessários que lhes permitam dar continuidade à consecução de seus objetivos, as universidades públicas devem utilizar como argumento os efeitos econômicos decorrentes de suas atividades, não se limitando, como fizeram no passado, a fazer valer unicamente o seu caráter "meritório".

Nesse sentido, as universidades públicas têm a seu favor o poderoso argumento do impacto econômico de sua existência como elemento de vantagem sobre seus principais concorrentes. Com efeito, ao contrário das atividades econômicas, elas não representam somente um impacto econômico estático – representado pelo efeito multiplicador do investimento –, mas também um impacto dinâmico sobre a economia em geral. E esse efeito dinâmico é exercido pela contribuição da Universidade para aumentar o produto (local, regional e nacional) graças a seu poder de formar e aperfeiçoar o capital humano que, anualmente, se integra à produção social e à transferência de tecnologia ao sistema produtivo possibilitada pelo trabalho científico que ela desenvolve.[4]

3 O volume de recursos envolvidos nas despesas com esses eventos não foi considerado para efeito da realização desta pesquisa.

4 Para uma análise dos efeitos estáticos e dinâmicos da Universidade sobre a economia local e regional, ver Martin, (1996).

O conteúdo deste trabalho é resultado da atualização, para o ano de 2001, dos dados da pesquisa realizada em 1996 nos *campi* da UNESP com o objetivo de dimensionar o montante de recursos monetários movimentados pelas unidades universitárias neles existentes, bem como avaliar os impactos econômicos e financeiros da circulação desses recursos para os municípios onde os *campi* estão instalados. Ao perseguir este objetivo, a pesquisa reuniu indicadores que demonstram o significado dos impactos supramencionados representado pelo montante de recursos que a comunidade universitária da UNESP injeta nos dezesseis municípios do Estado de São Paulo onde ela está presente.[5]

A motivação maior que levou à atualização dos indicadores levantados na primeira pesquisa foi sem dúvida a enorme repercussão causada pelas informações obtidas naquele momento. Até então pouco se sabia sobre a importância e o significado das universidades públicas e, especificamente da UNESP, como fonte de dinamismo para as economias das cidades onde estão localizadas. E, no caso da UNESP, a explicitação desse significado tornava-se mais instigante dada a sua peculiar distribuição geográfica, com a existência de *campi* em dezesseis cidades do Estado de São Paulo.

Os resultados aqui apresentados são mais surpreendentes se comparados aos obtidos em 1996, uma vez que não só confirmam a importância das unidades da UNESP como fonte de dinamismo para as cidades onde estão localizadas – uma das faces de sua inserção social pouco conhecida – como também demonstram de forma inequívoca que seu significado como vetor de dinamismo econômico para os municípios aumentou no transcurso do período entre as duas pesquisas. E isto ocorreu, sem dúvida, porque a UNESP cresceu. Ao longo desses cinco anos foram ampliados os números de cursos, de vagas, de alunos e, conseqüentemente, o montante das despesas de custeio e de investimentos realizadas nos vários *campi*.

O presente trabalho é composto de cinco capítulos. O primeiro apresenta os principais indicadores do crescimento da UNESP no período entre a reali-

5 A UNESP possui unidades em dezesseis cidades: Araçatuba, Araraquara, Assis, Bauru, Botucatu, Franca, Guaratinguetá, Ilha Solteira, Jaboticabal, Marília, Presidente Prudente, Rio Claro, São José do Rio Preto, São José dos Campos, São Paulo e São Vicente. A Reitoria e o *campus* onde funciona o Instituto de Artes (IA), localizados na cidade de São Paulo, não foram incluídos na pesquisa, uma vez que os impactos econômicos dos recursos financeiros que eles movimentam são inexpressivos no contexto do município da capital do Estado. O *campus* de São Vicente começou a funcionar como uma unidade universitária com um curso de graduação apenas em 2002. Nesse sentido, sua incorporação à pesquisa teria pouco significado dado o reduzido montante de recursos financeiros que essa unidade movimenta. Mesmo assim, os dados referentes ao Instituto de Artes e ao *campus* de São Vicente foram incluídos em algumas tabelas para que o leitor tome conhecimento de determinados indicadores e características dessas unidades universitárias da UNESP.

zação das duas pesquisas: número de alunos, de cursos, de candidatos no vestibular, de serviços realizados nas várias especialidades diretamente relacionadas à saúde da população etc. Esse capítulo tem como co-autor o Prof. Dr. Elias José Simon, da FCA/Botucatu.

O segundo capítulo apresenta as principais características demográficas e socioeconômicas de cada um dos quatorze municípios do interior do Estado onde existem *campi* da UNESP e que foram objeto de levantamento e de atualização dos dados. A apresentação de um perfil socioeconômico-demográfico de cada cidade é importante para que o leitor tenha informações que lhe permitam compreender os diferentes impactos causados pela existência de cada um dos *campi*. Como são municípios, de modo geral, com características heterogêneas e que abrigam unidades universitárias também heterogêneas, os impactos econômicos causados pela UNESP na dinâmica dessas cidades são naturalmente distintos. Esse capítulo foi escrito pelos auxiliares de pesquisa Ernani Mandarino e Diana Luzia da Silva, alunos do Curso de Ciências Econômicas, sob a supervisão do Prof. Elton Eustáquio Casagrande do Departamento de Economia da FCL/Araraquara.

O terceiro capítulo, tomando como referência o ano de 2001, analisa os indicadores que revelam o papel da UNESP como fonte de dinamismo para as economias dos municípios por meio dos dispêndios que ela, como instituição, assim como seus servidores e alunos, como consumidores individuais, realizam.

O quarto capítulo realiza uma análise comparativa dos resultados obtidos nas duas pesquisas, demonstrando que os impactos econômicos e financeiros da UNESP são mais significativos hoje do que foram em 1996.

O quinto capítulo contém a metodologia desenvolvida para a obtenção dos indicadores relativos aos impactos econômicos e financeiros da UNESP.

Os comentários finais são seguidos de anexos contendo tabelas complementares, gráficos e um mapa com a localização geográfica dos *campi* da UNESP. Esse mapa contém a localização tanto dos *campi* atuais quanto a localização futura dos novos *campi*.

A realização desta nova pesquisa ratificou a certeza de que a UNESP, com suas características bastante peculiares, desempenha um papel fundamental no dinamismo econômico das cidades onde seus *campi* estão instalados. Os indicadores apresentados ao longo do trabalho corroboram essa afirmação.

José Murari Bovo
Coordenador e organizador

1
A evolução da UNESP no período 1996-2002

Elias José Simon
José Murari Bovo

A Universidade Estadual Paulista "Júlio de Mesquita Filho" (UNESP) foi criada em 1976, a partir da aglutinação dos Institutos Isolados de Ensino Superior do Estado de São Paulo, unidades universitárias situadas em diferentes pontos do interior paulista, abrangendo diversas áreas do conhecimento e que tiveram origens diferenciadas em conformidade com o momento de sua criação, com as aspirações de seus criadores e com os objetivos que se prestaram cumprir. Assim, a UNESP, diferentemente de outras universidades, concretizou-se como uma Universidade *multicampus*, uma de suas marcas mais evidentes que lhe conferiu originalidade, caracterizando-se, pela sua distribuição geográfica, como a "Universidade do Interior" do Estado de São Paulo.

A importância da Universidade pode ser avaliada a partir de diferentes perspectivas: a formação de profissionais para o mercado de trabalho, os serviços prestados à sociedade em várias áreas, como saúde, assessoria a órgãos públicos e empresas privadas, criação de novas técnicas desenvolvidas a partir das pesquisas realizadas etc. No entanto, além desses benefícios decorrentes de suas atividades, é preciso também considerar os efeitos econômicos e financeiros resultantes dos recursos que ela movimenta.

No caso da UNESP, o conhecimento desses efeitos é bastante relevante, uma vez que sua distribuição geográfica resulta na existência dos vários *campi* distribuídos por dezesseis cidades do Estado de São Paulo.

Para avaliar e dimensionar os referidos efeitos, realizou-se, em 1996, uma pesquisa financiada pela Fundunesp, cujos resultados foram bastante significativos. Essa pesquisa, desenvolvida com o propósito de verificar as várias faces da inserção social da UNESP, permitiu reunir informações sobre:

1 – os impactos econômico-financeiros para os municípios, decorrentes dos recursos movimentados pelas unidades, assim como dos gastos dos alunos em cada *campus*. Os indicadores reunidos mostraram a importância da UNESP, tanto como vetor de recursos tributários que retornam para as cidades onde ela está localizada quanto como fonte de dinamismo das atividades econômicas, contribuindo de forma significativa para o desenvolvimento local e regional;

2 – a sua importância no atendimento à população de baixa renda por meio dos serviços de extensão, especialmente aqueles dirigidos para a área de saúde, contribuindo assim para a implementação das políticas públicas de corte social;

3 – os custos da produção dos serviços na área de saúde, que se mostraram muito abaixo dos preços de mercado cobrados por esses serviços. Esta pesquisa possibilitou também a criação de uma metodologia para a apropriação de custos, instrumento importante não só para demonstrar o retorno dado pela Universidade a partir dos recursos públicos que recebe, mas também como instrumento para a organização de um sistema de controle de custos, que permite aperfeiçoar a administração de seu orçamento, assim como agilizar o processo de tomada de decisões.

Os resultados foram publicados em BOVO, J. M. *Universidade e comunidade* – Avaliação dos impactos econômicos e da prestação de serviços. São Paulo: Editora UNESP, 1998.

A partir dos resultados apontados, tornou-se fundamental dar continuidade a essa linha de pesquisa em razão da importância que as informações levantadas têm tanto para a compreensão dos vínculos estabelecidos com a sociedade, seus condicionantes e possibilidades de aprofundamento, quanto para o planejamento das políticas e das ações em todos os níveis da administração da Universidade.

Nos cinco anos que separam a realização da primeira pesquisa (1996) até a sua atualização para o ano 2000 aqui apresentada, a UNESP mostrou uma evolução considerável, como evidenciam os diversos indicadores apresentados a seguir.

Os indicadores apresentados na Tabela 1.1 mostram, para os cursos de graduação, elevação do número de vagas (17,1%), do número de alunos (20,3%)

e do número de candidatos inscritos no vestibular (13,9%). No caso da pós-graduação, o número de cursos aumentou 18,1%, com o conseqüente crescimento do número de vagas (35,2%) e de alunos (89,3%). É fundamental destacar ainda o expressivo aumento do número de dissertações e de teses em 78,3% e 122,8%, respectivamente, o que revela um desempenho excepcional da Universidade nessa área. No período em questão, houve também um crescimento considerável do acervo das bibliotecas (11,3%) e da área total construída (6,6%).

Tabela 1.1 – UNESP – Evolução de alguns indicadores – 1996/2000

Indicadores	1996	2000	Variação (%)
Unidades Universitárias	24	24	0
Cursos de Graduação	81	82	1,2
Número de vagas	4.347	5.085	17,1
Número de alunos	19.618	23.603	20,3
Candidatos inscritos no vestibular	69.196	78.814	13,9
Cursos de Pós-Graduação	**105**	**124**	**18,1**
Número de vagas	1.696	2.293	35,2
Número de alunos	4.443	8.414	89,3
Dissertações de Mestrado	469	836	78,3
Teses de Doutorado	167	372	122,8
Acervo das bibliotecas	1.830.995	2.037.827	11,3
Docentes ativos	3.372	3.141	-6,9
Docentes inativos	607	1.000	64,7
Servidores técnico-administrativos (A)	7.843	7.156	-8,8
Servidores técnico-administrativos (I)	1.223	1.882	53,9
Área física	59.117.596	59.174.616	0,1
Área construída	526.430	561.420	6,6

Em contrapartida, houve um grande número de aposentadorias precoces tanto de docentes como de servidores técnico-administrativos, em razão de mudanças anunciadas na legislação previdenciária, no ano de 1998. Dessa forma, o número de docentes aposentados aumentou em 64,7%, e o de servidores técnico-administrativos em 53,9%. Provavelmente essas aposentadorias não reduziram o impacto econômico-financeiro no município, pois, ainda que aposentada, a maior parte dessas pessoas continua residindo na mesma cidade.

A Tabela 1.2 indica a evolução do número de serviços realizados nas várias especialidades diretamente relacionadas à saúde da população atendida, no período de 1996 a 2000.

Inicialmente, é preciso destacar que, mesmo os serviços odontológicos tendo apresentado uma diminuição em sua produção (variação de -10,7%), fo-

Tabela 1.2 – UNESP – Produção de serviços de saúde – 1996/2000

Serviços	1996	2000	Variação (%)
Odontológicos	140.443	125.388	-10,7
Psicoterapêuticos	9.230	18.302	98,3
Fisioterapêuticos	10.912	10.920	0,1
Farmacêuticos			
Análises clínicas	316.105	435.259	37,7
Coletas de sangue	4.729	6.284	32,9
Bolsas de hemoderivados	12.557	15.270	21,9
Fonoaudiológicos	5.109	20.213	295,6
Médicos*			
Consultas	299.796	349.029	16,4
Análises clínicas	840.725	1.055.005	25,5
Internações	13.807	16.733	21,2
Cirurgias	5.429	5.876	8,2

* Principais itens do quadro de produção do Hospital Universitário de Botucatu.

ram ofertados 125.388 tratamentos no ano de 2000, um número bastante expressivo.[1] Os demais serviços apresentaram uma evolução significativa.

Merecem destaque os atendimentos fonoaudiológicos e os psicoterapêuticos, que cresceram, respectivamente, 295,6% e 98,3%. No caso dos atendimentos farmacêuticos, os aumentos foram substanciais em todos os tipos de serviços, destacando-se as análises clínicas com um crescimento de 37,7%, atingindo, em termos absolutos, o expressivo montante de 435.259 análises realizadas no ano de 2000.

Quanto ao atendimento médico prestado pelo Hospital Universitário da Faculdade de Medicina de Botucatu, verifica-se que em 2000 foram feitas 349.029 consultas (aumento de 16,4%), 1.055.005 análises clínicas (aumento de 25,5%), tendo elevado número de internações e cirurgias em 21,2% e 8,2%, respectivamente.

É relevante mencionar também que, de um lado, o elevado nível do atendimento oferecido nas clínicas, e, de outro, a carência dos sistemas de proteção social existentes em muitas cidades resultam no fato de que as unidades da UNESP prestam serviços de saúde de alta qualidade, atendendo à população de vários municípios das regiões onde estão localizadas e também de estados vizinhos.

Nesse sentido, se a primeira pesquisa realizada no ano de 1996 mostrou números expressivos em relação aos impactos econômico-financeiros da existência de unidades da UNESP em quatorze cidades do interior do Estado de São Paulo, hoje esses impactos são muito maiores em razão da evolução da UNESP.

A atualização destes dados, portanto, é importante para que não só a comunidade unespiana, mas sobretudo a sociedade conheçam uma das faces de sua inserção social, ou seja, o papel da UNESP como fonte de dinamismo econômico de inúmeras cidades do interior do Estado em razão do montante de recursos financeiros movimentados.

1 A queda no número de atendimentos odontológicos está, muito provavelmente, relacionada a mudanças nos critérios e na metodologia de registro utilizados nos prontuários das pessoas que são atendidas nas diversas clínicas existentes nos cursos de Araçatuba, Araraquara e São José dos Campos. Essa probabilidade é bastante alta, uma vez que o número de clínicas aumentou nos últimos cinco anos, o que por si só deveria influenciar o número de atendimentos.

2
Perfil demográfico e socioeconômico dos municípios onde estão instalados os *campi* da UNESP

Elton Eustáquio Casagrande
Ernani Mandarino
Diana Luzia da Silva

Município de Araçatuba

O município de Araçatuba possuía uma população total de 170 mil habitantes em 2000, e uma PEA representando 68,6% desse total, ou seja, 116.749 pessoas. A população feminina, maioria da PEA, detinha 52% do total.

Os dados da RAIS mostram que havia 29.294 pessoas registradas no setor formal da economia de Araçatuba em 2000, com a população ocupada representando 25,09% da PEA do município nesse ano. Os homens detinham a maior parte dos postos de trabalho, com um total de 18.842 empregados, enquanto o número de mulheres empregadas era de 10.452. Assim, a população ocupada estava dividida entre 64,32% de empregados do sexo masculino e 35,68% do sexo feminino. Portanto, embora as mulheres sejam a maioria da PEA, possuem uma participação menor do que os homens na população ocupada, confirmando a dificuldade de inserção do sexo feminino no mercado de trabalho.

A maioria dos postos de trabalho estava registrada no setor de serviços do município, com um total de 12.898 empregados, representando 44,03% da população ocupada. Entre os demais setores, o maior número de empregados estava no comércio e na indústria, com 24,8% e 20,77%, respectivamente. A construção civil, o setor com menor número de empregados, representava apenas 4,09% do setor formal da economia. Os homens possuíam maior participação em todos os grandes setores de atividade econômica. A distribuição mais desigual ocorria no setor agropecuário, no qual as mulheres possuíam uma participação de 9,19%. Em contrapartida, o setor de serviços apresentava a divisão mais equilibrada. Nele, a participação das mulheres era de 47,22%. Na Tabela 2.1 observa-se o número de empregados em cada setor, segundo a divisão entre empregados por gênero.

Tabela 2.1 – Número de empregados por setor de atividade econômica em 2000 segundo o sexo

Setores	Masculino	Feminino	Total
Indústria	4.578	1.507	6.085
Construção civil	1.082	115	1.197
Comércio	4.695	2.570	7.265
Serviços	6.808	6.090	12.898
Agropecuária, extração vegetal, caça e pesca	1.679	170	1.849
Total	**18.842**	**10.452**	**29.294**

Fonte: RAIS/2000.

A desagregação do setor industrial mostra que os maiores empregadores eram a indústria de produtos alimentícios, bebidas e álcool etílico e a mecânica.

O setor formal da economia de Araçatuba produziu uma massa salarial total de 119.954,46 salários mínimos em 2000. A média salarial atingiu 4,09 salários mínimos nesse ano. O setor de serviços apresentava a maior média salarial do município, com uma remuneração de 4,94 salários mínimos por empregado, e também a maior massa salarial, uma vez que 53,15% da renda do setor formal da economia eram gerados nesse setor. A agropecuária é o destaque negativo, pois apresentava a menor média e a segunda menor massa salariais do município, superando apenas o setor de construção civil em 13,39%. A situação salarial em cada setor do município de Araçatuba encontra-se na Tabela 2.2.

Tabela 2.2 – Massa e média salariais de Araçatuba por setores de atividade econômica em 2000

	Massa salarial	Média salarial
	Em salários mínimos	
Indústria	24.760,23	4,07
Construção civil	4.244,85	3,55
Comércio	22.375,25	3,08
Serviços	63.760,76	4,94
Agropecuária	4.813,37	2,60
Outros/Ign	0,00	0,00
Total	**119.954,46**	**4,09**

Fonte: RAIS/2000.

Tabela 2.3 – Situação salarial de acordo com o grau de escolaridade

	Empregados	Massa salarial	Média salarial
		Em salários mínimos	
Analfabeto	218	656,55	3,01
4ª série incompleta	1.253	3.898,95	3,11
4ª série completa	2.789	8.774,03	3,15
8ª série incompleta	3.471	10.920,77	3,15
8ª série completa	6.034	17.948,20	2,97
2º grau incompleto	3.419	10.059,75	2,94
2º grau completo	7.468	28.905,71	3,87
Superior incompleto	1.313	8.127,14	6,19
Superior completo	3.329	30.663,36	9,21
Total	**29.294**	**119.954,46**	**4,09**

Fonte: RAIS/2000.

Os dados apresentados mostram uma grande disparidade na média salarial de empregados com diferentes graus de instrução, confirmando a tendência de aumento no salário à medida que se possui maior escolaridade. A comparação da média salarial total com a média salarial de empregados com curso superior incompleto ou completo confirma essa diferença. Os empregados com essa qualificação apresentavam uma média salarial de 8,36 salários mínimos, correspondendo a 2,04 vezes a remuneração média do setor formal da economia do município. Em relação aos empregados analfabetos, a diferença era ainda mais significativa. Nesse caso, os empregados com maior qualificação possuíam uma remuneração 2,7 vezes maior. A desigualdade também pode ser avaliada pela participação dos empregados com curso superior completo ou incompleto no total de empregados e na massa salarial total. Os empregados com maior escolaridade representavam 15,8% do total, mas a sua participação na massa salarial total atingia 32,3%. A maioria dos empregados possuía o 2º grau completo. O número de empregados com essa qualificação era de 7.468, constituindo 25,5% da população ocupada. A média salarial desses empregados era de 3,87 salários mínimos, próxima da remuneração média do município. A Tabela 2.3 exibe o número de empregados de acordo com o grau de escolaridade, acompanhado das respectivas massa e média salariais de cada faixa.

Tabela 2.4 – Os oito principais investimentos realizados em Araçatuba no ano de 2001

Empresa	Setor de atividade	Tipo	Valor (Em US$ milhões)
Horizon Cablevision	Telecomunicações	Ampliação	13,51
Destivale	Alimentos e bebidas	Implantação	2,03
Carrefour	Varejo e reparação de objetos	Implantação	1,09
Luciomed	Produtos farmacêuticos	Ampliação	0,80
Companhia Brasileira de Petróleo Ipiranga	Com. e rep. automotores e varejo de combustíveis	Implantação	0,34
Banco Panamericano/ Araçatuba	Intermed. financ. (exclusive seguros e previdência privada)	Implantação	0,10
Pernambucanas/Araçatuba	Varejo e reparação de objetos	Modernização	0,10
Old Pet	Reciclagem	Implantação	0,02

Fonte: Fundação Seade; Secretaria de Ciência, Tecnologia e Desenvolvimento Econômico.

Tabela 2.5 – Valor da produção agrícola de lavouras temporárias e permanentes em Araçatuba em 2000

Lavoura temporária	Em mil reais
Cana-de-açúcar	20.330
Milho (em grão)	6.179
Tomate	4.900
Feijão (em grão)	1.301
Amendoim (em casca)	483
Algodão herbáceo (em caroço)	392
Mandioca	249
Soja (em grão)	177
Sorgo (em grão)	85
Arroz (em casca)	35
Lavoura permanente	
Goiaba	939
Borracha (látex coagulado)	300
Banana	218
Manga	138
Café (em coco)	91
Coco-da-baía	30
Caqui	14

Fonte: IBGE – Produção Agrícola Municipal.
Nota: Dados organizados por valor da produção em ordem decrescente.

De acordo com informações do Seade, o município de Araçatuba recebeu investimentos de US$ 17,99 milhões em 2001. Os investimentos destinaram-se predominantemente à implantação, modernização e ampliação das empresas. A análise das principais empresas investidoras mostra uma diversificação quanto ao setor de atividade, listados conforme a CNAE do IBGE. Porém, uma característica em comum é a origem das empresas, quase todas brasileiras. O primeiro lugar é ocupado pela Horizon Cablevision, que atua no setor de Telecomunicações, com investimento total de US$ 13,51 milhões, ou 75,1% do total investido em Araçatuba. A Tabela 2.4 destaca os oito maiores investimentos realizados no município em 2001.

Dentre as empresas listadas, apenas o Carrefour é de origem estrangeira (francesa).

Em termos de produção agrícola, há o predomínio das culturas agrícolas temporárias. Em 2000, a produção de lavouras desse tipo somou R$ 34,1 milhões. Nesse ano, a principal lavoura temporária do município foi a de cana-de-açúcar, cujo valor da produção alcançou R$ 20,3 milhões. Dentre as lavouras permanentes, a maior produção foi a de goiaba, com R$ 0,9 milhão no período. Os dados referentes ao valor da produção de lavouras temporárias e permanentes no ano de 2000 encontra-se na Tabela 2.5.

Considerando as informações e a análise realizada, verifica-se, ainda, a predominância do emprego urbano, sobretudo no setor de serviços, que empregava 12.898 pessoas em 2000. Nesse ano, a média salarial do município foi de 4,09 salários mínimos. Dentre as cidades que possuem *campus* da UNESP, Araçatuba contava com a terceira pior remuneração média.

Município de Araraquara

O município de Araraquara possuía uma população total de 182.471 habitantes em 2000, e uma PEA representando 68,9% desse total, ou seja, 125.634 pessoas. A população feminina, da maioria da PEA, detinha 51,3% do total.

Os dados da RAIS mostram que havia 41.361 pessoas registradas no setor formal da economia de Araraquara em 2000, com a população ocupada representando 32,9% da PEA do município nesse ano. Os homens detinham a maior parte dos postos de trabalho, com um total de 26.474 empregados, enquanto o número de mulheres empregadas era de 13.779. Assim, a população ocupada estava dividida entre 64% de empregados do sexo masculino e 36% do sexo feminino. Portanto, embora as mulheres sejam a maioria da PEA, possuem uma participação menor do que os homens na população ocupada, confirmando a dificuldade de inserção do sexo feminino no mercado de trabalho.

A maioria dos postos de trabalho estava registrada no setor de serviços do município, com um total de 19.086 empregados, representando 46,1% da população ocupada. Entre os demais setores, o maior número de empregados estava no comércio e na indústria, com 21% e 17,1%, respectivamente. A construção civil, o setor com menor número de empregados, representava apenas

6,3% do setor formal da economia. Os homens possuíam maior participação em todos os grandes setores de atividade econômica. A distribuição mais desigual estava no setor da construção civil, no qual as mulheres possuíam uma participação de 4%. Em contrapartida, o setor de serviços apresentava a divisão mais equilibrada. Nele, a participação das mulheres era de 45,4%. Na Tabela 2.6 observa-se o número de empregados em cada setor, segundo a divisão entre empregados por gênero.

Tabela 2.6 – Número de empregados por setor de atividade econômica em 2000 segundo o sexo

Setores	Masculino	Feminino	Total
Indústria	5.026	2.040	7.066
Construção civil	2.518	106	2.624
Comércio	5.339	3.330	8.669
Serviços	10.423	8.663	19.086
Agropecuária, extração vegetal, caça e pesca	3.160	756	3.916
Total	**26.466**	**14.895**	**41.361**

Fonte: RAIS/2000.

A desagregação do setor industrial mostra que os maiores empregadores eram a indústria de produtos alimentícios, bebidas e álcool etílico e a indústria têxtil, do vestuário e artefatos de tecido.

O setor formal da economia de Araraquara produziu uma massa salarial total de 193.889,76 salários mínimos em 2000. A média salarial atingiu 4,69 salários mínimos nesse ano. O setor de construção civil apresentava a maior média salarial do município, com uma remuneração de 5,64 salários mínimos por empregado. O setor de serviços foi responsável pela maior parte da massa salarial de Araraquara, uma vez que 52,5% da renda do setor formal da economia eram gerados nesse setor. A agropecuária foi o destaque negativo, pois apresentou a menor massa e média salariais do município. A situação salarial em cada setor do município de Araraquara encontra-se na Tabela 2.7.

Os dados apresentados mostram uma grande disparidade na média salarial de empregados com diferentes graus de instrução, confirmando a tendência de aumento no salário à medida que se possui maior escolaridade. A comparação da média salarial total com a média salarial de empregados com curso

Tabela 2.7 – Massa e média salariais de Araraquara por setores de atividade econômica em 2000

	Massa salarial	Média salarial
	Em salários mínimos	
Indústria	37.971,11	5,37
Construção civil	14.787,34	5,64
Comércio	28.510,97	3,29
Serviços	101.773,26	5,33
Agropecuária	10.847,08	2,77
Outros/Ign	0,00	0,00
Total	**193.889,76**	**4,69**

Fonte: RAIS/2000.

Tabela 2.8 – Situação salarial de acordo com o grau de escolaridade

	Empregados	Massa salarial	Média salarial
		Em salários mínimos	
Analfabeto	706	1.845,04	2,61
4ª série incompleta	2.846	7.983,23	2,81
4ª série completa	5.789	20.448,57	3,53
8ª série incompleta	5.781	19.759,45	3,42
8ª série completa	7.377	25.979,37	3,52
2º grau incompleto	3.636	12.400,41	3,41
2º grau completo	9.784	44.454,60	4,54
Superior incompleto	1.299	9.221,24	7,1
Superior completo	4.143	51.797,85	12,5
Total	**41.361**	**193.889,76**	**4,69**

Fonte: RAIS/2000.

superior incompleto ou completo confirma a diferença. Os empregados com essa qualificação apresentavam uma média salarial de 11,21 salários mínimos, correspondendo a 2,4 vezes a remuneração média do setor formal da economia do município. Em relação aos empregados analfabetos, a diferença era ainda mais significativa. Nesse caso, os empregados com maior qualificação possuíam uma remuneração quatro vezes maior. A desigualdade também pode ser avaliada pela participação dos empregados com curso superior completo ou incompleto no total de empregados e na massa salarial total. Os empregados com maior escolaridade representavam 13,2% do total, mas a sua participação na massa salarial total atingia 31,5%. A maioria dos empregados possuía o 2º grau

Tabela 2.9 – Os dez principais investimentos realizados em Araraquara no ano de 2001

Empresa	Setor de atividade	Tipo	Valor (Em US$ milhões)
Horizon Cablevision	Telecomunicações	Ampliação	14,45
Tropical Shopping	Atividades imobiliárias	Ampliação	4,78
Shopping Jaraguá Araraquara	Varejo e reparação de objetos	Implantação	4,21
Shopping Jaraguá Araraquara	Atividades imobiliárias	Implantação	3,65
Lupo – Shopping Lupo	Vestuário e acessórios	Implantação	2,74
Rocatti	Automotiva	Modernização	1,50
Cusinato Empreendimentos	Alojamento e alimentação	Implantação	1,12
Tampa Táxi Aéreo	Transporte aéreo	Ampliação	1,00
Champion Hipermercado	Varejo e reparação de objetos	Modernização	0,55
Lupo – Shopping Lupo	Atividades imobiliárias	Implantação	0,55

Fonte: Fundação Seade; Secretaria de Ciência, Tecnologia e Desenvolvimento Econômico.

Tabela 2.10 – Valor da produção agrícola de lavouras temporária e permanente em Araraquara em 2000

Lavoura temporária	Em mil reais
Cana-de-açúcar	39.962
Milho (em grão)	1.287
Amendoim (em casca)	883
Soja (em grão)	415
Tomate	146
Algodão herbáceo (em caroço)	138
Mandioca	94
Feijão (em grão)	82
Arroz (em casca)	21
Lavoura permanente	
Laranja	9.047
Café (em coco)	149
Tangerina	72
Banana	67
Limão	49
Abacate	8

Fonte: IBGE – Produção Agrícola Municipal.
Nota: Dados organizados por valor da produção em ordem decrescente.

completo. O número de empregados com essa qualificação era de 9.784, representando 23,7% da população ocupada. A média salarial desses empregados era de 4,54 salários mínimos, próxima da remuneração média do município. A Tabela 2.8 exibe o número de empregados de acordo com o grau de escolaridade, acompanhado das respectivas massa e média salariais de cada faixa.

De acordo com informações do Seade, o município de Araraquara recebeu investimentos de US$ 36,73 milhões em 2001. Os investimentos destinaram-se predominantemente à implantação, modernização e ampliação das empresas. A análise das principais empresas investidoras mostra uma diversificação quanto ao setor de atividade, listados conforme a CNAE do IBGE. Porém, uma característica em comum é a origem da empresa, quase todas brasileiras. O primeiro lugar é ocupado pela Horizon Cablevision, que atua no setor de Telecomunicações, com investimento total de US$ 14,45 milhões, ou 39,3% do total investido em Araraquara (ver Tabela 2.9).

Dentre as empresas listadas, apenas o capital investido pelo Champion Hipermercado é de origem estrangeira (francesa). Duas empresas aparecem mais de uma vez na lista, pois realizaram investimentos em setores de atividade diferentes.

Em termos de produção agrícola, há o predomínio das culturas agrícolas temporárias. Em 2000, a produção de lavouras desse tipo somou R$ 43 milhões. Nesse ano, a principal lavoura temporária do município foi a de cana-de-açúcar, cuja produção alcançou R$ 39,9 milhões. Dentre as lavouras permanentes, a maior produção foi a de laranja, com R$ 9 milhões no mesmo período. Os dados referentes ao valor da produção de lavouras temporárias e permanentes no ano de 2000 encontram-se na Tabela 2.10.

Considerando as informações e a análise realizada, verifica-se, ainda, a predominância do emprego urbano, sobretudo no setor de serviços, que empregava 19.086 pessoas em 2000. Nesse ano, a média salarial do município foi de 4,69 salários mínimos. Dentre as cidades que possuem *campus* da UNESP, Araraquara contava com a sétima melhor remuneração média.

Município de Assis

O município de Assis possuía uma população total de 87 mil habitantes em 2000, e uma PEA representando 68,1% desse total, ou seja, 59.279 pessoas. A população feminina, maioria da PEA, detinha 51,6% do total.

Os dados da RAIS mostram que havia 12.895 pessoas registradas no setor formal da economia de Assis em 2000, com a população ocupada representando 21,8% da PEA do município nesse ano. Os homens detinham a maior parte dos postos de trabalho, com um total de 8.100 empregados, enquanto o número de mulheres empregadas era de 4.795. Assim, a população ocupada estava dividida entre 62,8% de empregados do sexo masculino e 37,2% do sexo feminino. Portanto, embora as mulheres sejam a maioria da PEA, possuem uma participação menor do que os homens na população ocupada, confirmando a dificuldade de inserção do sexo feminino no mercado de trabalho.

A maioria dos postos de trabalho estava registrada no setor de serviços do município, com um total de 5.919 empregados, representando 45,9% da população ocupada. Entre os demais setores, o maior número de empregados estava no comércio e na indústria, com 35,6% e 11,7%, respectivamente. A agropecuária detinha o menor número de empregados, com apenas 2,4% do setor formal da economia. Os homens possuíam maior participação em todos os grandes setores de atividade econômica. A distribuição mais desigual ocorria no setor da construção civil, no qual as mulheres possuíam uma participação de 4,2%. Em contrapartida, o setor de serviços apresentava a divisão mais equilibrada. Nele, a participação das mulheres era de 48,1%. Na Tabela 2.11 observa-se o número de empregados em cada setor, segundo a divisão entre empregados por gênero.

Tabela 2.11 – Número de empregados por setor de atividade econômica em 2000 segundo o sexo

Setores	Masculino	Feminino	Total
Indústria	1.224	284	1.508
Construção civil	545	24	569
Comércio	2.992	1.600	4.592
Serviços	3.071	2.848	5.919
Agropecuária, extração vegetal, caça e pesca	268	39	307
Total	**8.100**	**4.795**	**12.895**

Fonte: RAIS/2000.

A desagregação do setor industrial mostra que os maiores empregadores eram a indústria de produtos alimentícios, bebidas e álcool etílico e serviços industriais de utilidade pública.

O setor formal da economia de Assis produziu uma massa salarial total de 51.541,70 salários mínimos em 2000. A média salarial atingiu 4 salários mínimos nesse ano. O setor de serviços apresentava a maior média salarial do município, com uma remuneração de 4,83 salários mínimos por empregado, e também a maior massa salarial, uma vez que 55,5% da renda do setor formal da economia eram gerados nesse setor. A agropecuária é o destaque negativo, pois apresentava a menor massa e média salariais do município. A situação salarial em cada setor do município de Assis encontra-se na Tabela 2.12.

Os dados apresentados mostram uma grande disparidade na média salarial de empregados com diferentes graus de instrução, confirmando a tendên-

Tabela 2.12 – Massa e média salariais de Assis por setores de atividade econômica em 2000

	Massa salarial	Média salarial
	Em salários mínimos	
Indústria	6.356,74	4,22
Construção civil	1.794,98	3,15
Comércio	14.149,41	3,08
Serviços	28.591,51	4,83
Agropecuária	649,06	2,11
Outros/Ign	0,00	0,00
Total	**51.541,70**	**4,00**

Fonte: RAIS/2000.

Tabela 2.13 – Situação salarial de acordo com o grau de escolaridade

	Empregados	Massa salarial	Média salarial
		Em salários mínimos	
Analfabeto	52	145,3	2,79
4ª série incompleta	937	2.544,62	2,72
4ª série completa	833	2.551,41	3,06
8ª série incompleta	1.451	4.412,52	3,04
8ª série completa	2.477	7.738,21	3,12
2º grau incompleto	1.494	4.295,34	2,88
2º grau completo	3.813	12.704,83	3,33
Superior incompleto	434	2.480,80	5,72
Superior completo	1.404	14.668,67	10,45
Total	**12.895**	**51.541,70**	**4,12**

Fonte: RAIS/2000.

cia de aumento no salário à medida que se possui maior escolaridade. A comparação da média salarial total com a média salarial de empregados com curso superior incompleto ou completo confirma essa diferença. Os empregados com essa qualificação apresentavam uma média salarial de 9,33 salários mínimos, correspondendo a 2,3 vezes a remuneração média do setor formal da economia do município. Em relação aos empregados analfabetos, a diferença era ainda mais significativa. Nesse caso, os empregados com maior qualificação possuíam uma remuneração 3,3 vezes maior. A desigualdade também pode ser avaliada pela participação dos empregados com curso superior completo ou incompleto no total de empregados e na massa salarial total. Os empregados com maior escolaridade representavam 14,3% do total, mas a sua participação na massa salarial total atingia 33,3%. A maioria dos empregados possuía o 2º grau completo. O número de empregados com essa qualificação era de 3.813, constituindo 29,6% da população ocupada. A média salarial desses empregados era de 3,33 salários mínimos. A Tabela 2.13 exibe o número de empregados de acordo com o grau de escolaridade, acompanhados das respectivas massa e média salariais de cada faixa.

Tabela 2.14 – Os oito principais investimentos realizados em Assis no ano de 2001

Empresa	Setor de atividade	Tipo	Valor (Em US$ milhões)
Assis Plaza Shopping/ Supermercado Pavão	Atividades imobiliárias	Ampliação	1,00
Grupo Fenix/Assis	Com. e rep. automotores e varejo de combustíveis	Implantação	0,19
Banco Panamericano/Assis	Intermed. financ. (exclusive seguros e previdência privada)	Implantação	0,10
Defispar	Atacado	Implantação	0,08
Farmagris	Atividades imobiliárias	Implantação	0,07
Frango Santa Amélia	Alimentos e bebidas	Implantação	0,04
Kasa Imóveis	Atividades imobiliárias	Modernização	0,02
Marajoara Calçados	Varejo e reparação de objetos	Implantação	0,02

Fonte: Fundação Seade; Secretaria de Ciência, Tecnologia e Desenvolvimento Econômico.

Tabela 2.15 – Valor da produção agrícola de lavouras temporárias e permanentes em Assis em 2000

Lavoura temporária	Em mil reais
Cana-de-açúcar	7.573
Soja (em grão)	2.074
Milho (em grão)	624
Mandioca	160
Feijão (em grão)	35
Arroz (em casca)	11
Trigo (em grão)	8
Lavoura permanente	
Banana	532
Café (em coco)	6

Fonte: IBGE – Produção Agrícola Municipal.

De acordo com informações do Seade, o município de Assis recebeu investimentos de US$ 1,52 milhão em 2001. Os investimentos destinavam-se predominantemente à implantação, modernização e ampliação das empresas. A análise das principais empresas investidoras mostra uma diversificação quanto ao setor de atividade, conforme a CNAE do IBGE. Porém, uma característica em comum é a origem da empresa, todas brasileiras. O primeiro lugar é ocupado pela Assis Plaza Shopping/Supermercado Pavão, que atua no setor de atividades imobiliárias, com investimento total de US$1 milhão, ou 65,8% do total investido em Assis. A Tabela 2.14 destaca os oito maiores investimentos realizados no município em 2001.

Em termos de produção agrícola, há o predomínio das culturas agrícolas temporárias. Em 2000, a produção de lavouras desse tipo som ou R$ 10,4 milhões. Nesse ano, a principal lavoura temporária do município foi a cana-de-açúcar, cuja produção alcançou R$ 7,5 milhões. Dentre as lavouras permanentes, a maior produção foi a de banana com R$ 0,5 milhão no período. Os dados referentes ao valor da produção de lavouras temporárias e permanentes no ano de 2000 encontram-se na Tabela 2.15.

Considerando as informações e a análise realizada, verifica-se, ainda, a predominância do emprego urbano, sobretudo no setor de serviços, que empregava 5.919 pessoas em 2000. Nesse ano, a média salarial do município foi de 4 salários mínimos. Dentre as cidades que possuem *campus* da UNESP, Assis contava com a segunda pior remuneração média.

Município de Bauru

O município de Bauru possuía uma população total de 316.064 habitantes em 2000, e uma PEA representando 68% desse total, ou seja, 214.857 pessoas. A população feminina, maioria da PEA, detinha 51,1% do total.

Os dados da RAIS mostram que havia 63.029 pessoas registradas no setor formal da economia de Bauru em 2000, com a população ocupada representando 29,3% da PEA do município nesse ano. Os homens detinham a maior parte dos postos de trabalho, com um total de 39.810 empregados, enquanto o número de mulheres ampregadas era de 23.219. Assim, a população ocupada estava dividida entre 63,2% de empregados do sexo masculino e 36,8% do sexo feminino. Portanto, embora as mulheres sejam a maioria da PEA, possuem uma participação menor do que os homens na população ocupada, confirmando a dificuldade de inserção do sexo feminino no mercado de trabalho.

A maioria dos postos de trabalho estava registrada no setor de serviços do município, com um total de 30.454 empregados, representando 48,3% da população ocupada. Entre os demais setores, o maior número de empregados

Tabela 2.16 – Número de empregados por setor de atividade econômica em 2000 segundo o sexo

Setores	Masculino	Feminino	Total
Indústria	9.265	3.042	12.307
Construção civil	4.142	293	4.435
Comércio	9.290	5.533	14.823
Serviços	16.238	14.216	30.454
Agropecuária, extração vegetal, caça e pesca	875	135	1.010
Total	**39.810**	**23.219**	**63.029**

Fonte: RAIS/2000.

encontrava-se no comércio e na indústria, com 23,5% e 19,5%, respectivamente. A agropecuária, o setor com menor número de empregados, representava apenas 1,6% do setor formal da economia. Os homens possuíam maior participação em todos os grandes setores de atividade econômica. A distribuição mais desigual ocorria no setor da construção civil, no qual a participação das mulheres era 6,6%. Em contrapartida, o setor de serviços apresentava a divisão mais equilibrada. Nele, a participação das mulheres era de 46,7%. Na Tabela 2.16 observa-se o número de empregados em cada setor, segundo a divisão entre empregados por gênero.

A desagregação do setor industrial mostra que os dois maiores empregadores eram a indústria de produtos alimentícios, bebidas e álcool etílico e a do papel, papelão, editorial e gráfica.

O setor formal da economia de Bauru produziu uma massa salarial total de 311.094,31 salários mínimos em 2000. A média salarial atingiu 4,94 salários mínimos nesse ano. O setor de serviços foi responsável pela maior parte da massa salarial de Bauru, uma vez que 58,7% da renda do setor formal da economia eram gerados nesse setor, o qual também apresentou a melhor média salarial do município, com 5,99 salários mínimos. A agropecuária foi o destaque negativo, pois apresentou a menor massa e média salariais do município. A situação salarial em cada setor do município de Bauru encontra-se na Tabela 2.17.

Tabela 2.17 – Massa e média salariais de Bauru por setores de atividade econômica em 2000

	Massa salarial	Média salarial
	Em salários mínimos	
Indústria	61.141,83	4,97
Construção civil	15.769,04	3,56
Comércio	49.537,29	3,34
Serviços	182.485,63	5,99
Agropecuária	2.160,52	2,14
Outros/Ign	0,00	0,00
Total	**311.094,31**	**4,94**

Fonte: RAIS/2000.

Os dados apresentados mostram uma grande disparidade na média salarial de empregados com diferentes graus de instrução, confirmando a tendência de aumento no salário à medida que se possui maior escolaridade. A comparação da média salarial total com a média salarial de empregados com curso superior incompleto ou completo confirma essa diferença. Os empregados com essa qualificação apresentavam uma média salarial de 10,83 salários mínimos, correspondendo a 2,2 vezes a remuneração média do setor formal da economia do município. A desigualdade também pode ser avaliada pela participação dos empregados com curso superior completo ou incompleto no total de empregados e na massa salarial total. Os empregados com maior escolaridade representavam 13,2% do total, mas a sua participação na massa salarial total era de 31,5%. A remuneração média dos trabalhadores analfabetos era a terceira maior do município, perdendo posição apenas para os empregados com curso superior completo ou incompleto. A maioria dos empregados possuía o 2º grau completo. O número de empregados com essa qualificação era de 15.788, consistindo em 25% da população ocupada. A média salarial desses empregados foi de 4,64 salários mínimos, número próximo à remuneração

Tabela 2.18 – Situação salarial de acordo com o grau de escolaridade

	Empregados	Massa salarial	Média salarial
		Em salários mínimos	
Analfabeto	334	1.587,60	4,75
4ª série incompleta	2.460	7.899,53	3,21
4ª série completa	5.690	19.654,17	3,45
8ª série incompleta	7.523	26.377,47	3,51
8ª série completa	14.366	48.308,18	3,36
2º grau incompleto	6.651	23.300,04	3,5
2º grau completo	15.788	73.266,68	4,64
Superior incompleto	2.965	24.294,65	8,19
Superior completo	7.252	86.405,99	11,91
Total	**63.029**	**311.094,31**	**4,94**

Fonte: RAIS/2000.

média do município. A Tabela 2.18 exibe o número de empregados de acordo com o grau de escolaridade, acompanhado das respectivas massa e média salariais de cada faixa.

De acordo com informações do Seade, o município de Bauru recebeu investimentos de US$ 9,48 milhões em 2001. Os investimentos destinaram-se predominantemente à implantação de empresas. A análise das principais empresas investidoras mostra uma diversificação quanto ao setor de atividade, listados conforme a CNAE do IBGE. Porém, uma característica em comum é a origem da empresa, quase todas brasileiras. O setor de alimentos e bebidas recebeu o maior volume de investimentos, cerca de 28,5% do total destinado ao município. A Tabela 2.19 destaca os dez maiores investimentos realizados no município em 2001.

Em termos de produção agrícola, há o predomínio das culturas agrícolas permanentes. Em 2000, a produção de lavouras desse tipo somou R$ 2,3 mi-

Tabela 2.19 – Os dez principais investimentos realizados em Bauru no ano de 2001

Empresa	Setor de atividade	Tipo	Valor (Em US$ milhões)
Daesp/Aeroporto de Bauru	Construção	Implantação	2,74
Spaipa	Alimentos e bebidas	Implantação	2,63
Plasútil	Borracha e plástico	Modernização	1,02
Belgo Mineira	Produtos de metal (exclusive máq. e equip.)	Implantação	0,72
Banco Rural	Intermed. financ. (exclusive seguros e previdência privada)	Implantação	0,51
Serviço de Hemodiálise Luiz Toledo Martins	Saúde e serviços sociais	Implantação	0,44
Mariná Bauru Eventos	Atividades imobiliárias	Implantação	0,4
Normandie	Varejo e reparação de objetos	Implantação	0,38
Grupo Fenix/Bauru de Combust.	Com. e rep. automotores e varejo	Implantação	0,22
Chapecó	Alimentos e Bebidas	Ampliação	0,18

Fonte: Fundação Seade; Secretaria de Ciência, Tecnologia e Desenvolvimento Econômico.

Tabela 2.20 – Valor da produção agrícola de lavouras temporária e permanente em Bauru em 2000

Lavoura temporária	Em mil reais
Abacaxi	1.030
Cana-de-açúcar	422
Milho (em grão)	297
Tomate	66
Melão	50
Lavoura permanente	
Laranja	1.224
Banana	255
Café (em coco)	248
Noz (fruto seco)	150
Tangerina	104
Abacate	84
Uva	57
Manga	54

Fonte: IBGE – Produção Agrícola Municipal.
Nota: Dados organizados por valor da produção em ordem decrescente.

lhões. Nesse ano, a principal lavoura permanente do município foi a de laranja, cuja produção alcançou R$ 1,2 milhão. Dentre as lavouras temporárias, a maior produção foi a de abacaxi, com R$ 1 milhão no período. Os dados referentes ao valor da produção das principais lavouras temporárias e permanentes no ano de 2000 encontram-se na Tabela 2.20.

Considerando as informações e a análise realizada, verifica-se, ainda, a predominância do emprego urbano, sobretudo no setor de serviços, que empregava 30.454 pessoas em 2000. Nesse ano, a média salarial do município foi de 4,94 salários mínimos. Dentre as cidades que possuem *campus* da UNESP, Bauru contava com a sexta melhor remuneração média.

Município de Botucatu

O município de Botucatu possuía uma população total de 108.306 habitantes em 2000, e uma PEA representando 66,7% desse total, ou seja, 72.202 pessoas. A população feminina, maioria da PEA, detinha 51,2% do total.

Os dados da RAIS mostram que havia 21.664 pessoas registradas no setor formal da economia de Botucatu em 2000, com a população ocupada representando 30% da PEA do município nesse ano. Os homens detinham a maior parte dos postos de trabalho, com um total de 14.539 empregados, enquanto o número de mulheres empregadas era de 7.125. Assim, a população ocupada estava dividida entre 67,1% de empregados do sexo masculino e 32,9% do sexo feminino. Portanto, embora as mulheres sejam a maioria da PEA, possuem uma participação menor do que os homens na população ocupada, confirmando a dificuldade de inserção do sexo feminino no mercado de trabalho.

A maioria dos postos de trabalho estava registrada no setor de serviços do município, com um total de 11.175 empregados, representando 51,6% da população ocupada. Entre os demais setores, o maior número de empregos estava no comércio e na indústria, com 18,6% e 17,2%, respectivamente. A construção civil, o setor com menor número de empregados, representava apenas 3,4% do setor formal da economia. Os homens possuíam maior participação em todos os grandes setores de atividade econômica. A distribuição mais desigual ocorria no setor da construção civil, no qual as mulheres ocupavam 23 dos 730 postos de trabalho, correspondendo a 23% do total de empregos do setor. Em contrapartida, o setor de serviços apresentava a divi-

Tabela 2.21 – Número de empregados por setor de atividade econômica em 2000 segundo o sexo

Setores	Masculino	Feminino	Total
Indústria	3.204	515	3.719
Construção civil	707	23	730
Comércio	2.420	1.602	4.022
Serviços	6.618	4.557	11.175
Agropecuária, extração vegetal, caça e pesca	1.590	428	2.018
Total	**14.539**	**7.125**	**21.664**

Fonte: RAIS/2000.

são mais próxima da igualdade. Nele, a participação das mulheres era de 40,8%. Na Tabela 2.21 observa-se o número de empregados em cada setor, segundo a divisão entre empregados por gênero.

A desagregação do setor industrial mostra que os maiores empregadores eram a indústria de material de transporte e a da madeira e do mobiliário, que juntos respondem por 60,5% dos postos de trabalho desse setor.

O setor formal da economia de Botucatu produziu uma massa salarial total de 117.352,18 salários mínimos em 2000, com a média salarial atingindo 5,42 salários mínimos nesse ano. A análise salarial confirma a importância do setor de serviços para o município, tendo apresentado a maior média salarial do município, com uma remuneração de 6,91 salários mínimos por empregado, além de ser responsável pela maior parte da massa salarial de Botucatu, uma vez que 65,8% da renda do setor formal da economia eram gerados nesse setor. Em contrapartida, a agropecuária possuía a menor média salarial do município, com remuneração de 2,34 salários mínimos por empregado. A situação salarial em cada setor do município de Botucatu encontra-se na Tabela 2.22.

Os dados apresentados mostram uma grande disparidade na média salarial de empregados com diferentes graus de instrução, confirmando a tendência de aumento no salário à medida que se possui maior escolaridade. A comparação da média salarial total com a média salarial de empregados com curso

Tabela 2.22 – Massa e média salariais de Botucatu por setores de atividade econômica em 2000

	Massa salarial	Média salarial
	Em salários mínimos	
Indústria	21.674,24	5,83
Construção civil	2.449,13	3,35
Comércio	11.302,63	2,81
Serviços	77.209,33	6,91
Agropecuária	4.716,85	2,34
Outros/Ign	0,00	0,00
Total	**117.352,18**	**5,42**

Fonte: RAIS/2000.

Tabela 2.23 – Situação salarial de acordo com o grau de escolaridade

	Empregados	Massa salarial	Média salarial
		Em salários mínimos	
Analfabeto	165	456,44	2,77
4ª série incompleta	1.258	3.716,91	2,95
4ª série completa	2.473	8.711,54	3,52
8ª série incompleta	2.872	10.157,17	3,54
8ª série completa	4.194	16.040,90	3,82
2º grau incompleto	1.872	6.595,37	3,52
2º grau completo	5.399	26.527,61	4,91
Superior incompleto	672	4.939,63	7,35
Superior completo	2.759	40.206,61	14,57
Total	21.664	117.352,18	5,42

Fonte: RAIS/2000.

Tabela 2.24 – Principais investimentos realizados em Botucatu no ano de 2001

Empresa	Setor de atividade	Tipo	Valor (Em US$ milhões)
McDonald's	Alojamento e alimentação	Estados Unidos	0,68
Banco Panamericano/ Botucatu	Intermed. financ. (exclusive seguros e previdência privada)	Brasil	0,10

Fonte: Fundação Seade; Secretaria de Ciência, Tecnologia e Desenvolvimento Econômico.

superior incompleto ou completo confirma essa diferença. Os empregados com essa qualificação apresentavam uma média salarial de 13,16 salários mínimos, correspondendo a 2,4 vezes a remuneração média do setor formal da economia do município. Em relação aos empregados analfabetos, a diferença era ainda mais significativa. Nesse caso, os empregados com maior qualificação possuíam uma remuneração quase cinco vezes maior. A desigualdade também pode ser

Tabela 2.25 – Valor da produção agrícola de lavouras temporárias e permanentes em Botucatu em 2000 (em mil reais)

Lavoura permanente	16.841
Limão	9.801
Laranja	3.411
Tangerina	1.296
Café (em coco)	1.070
Abacate	440
Pêssego	229
Caqui	167
Pêra	139
Uva	112
Banana	100
Maracujá	59
Manga	17
Lavoura temporária	**11.024**
Cana-de-açúcar	6.868
Milho (em grão)	1.780
Tomate	1.402
Batata-inglesa	468
Mandioca	164
Feijão (em grão)	148
Soja (em grão)	95
Arroz (em casca)	75
Alho	24

Fonte: IBGE – Produção Agrícola Municipal.
Nota: Dados organizados por valor da produção em ordem decrescente.

avaliada pela participação dos empregados com curso superior completo ou incompleto no total de empregados e na massa salarial total. Os empregados com maior escolaridade representavam 15,8% do total, mas a sua participação na massa salarial total era de 38,5%. A maioria dos empregados possuía 2º grau completo. O número de empregados com essa qualificação era de 5.399, consistindo em 24,9% da população ocupada. A média salarial desses empregados foi de 4,91 salários mínimos, a mais próxima da remuneração média do município. A Tabela 2.23 apresenta o número de empregados de acordo com o grau de escolaridade, acompanhado das respectivas massa e média salariais de cada faixa.

De acordo com informações do Seade, o município de Botucatu recebeu investimentos de US$ 780 mil em 2001. Os investimentos foram destinados à implantação de duas empresas: McDonald's e Banco Panamericano. As empresas investidoras foram classificadas por setor de atividade, conforme listado pela CNAE do IBGE. As empresas também se diferenciam pela origem do investimento, em um caso norte-americano e no outro brasileiro. A Tabela 2.24 destaca os investimentos realizados no município em 2001.

Em termos de produção agrícola há o predomínio das culturas agrícolas permanentes. Em 2000, a produção de lavouras desse tipo somou R$ 16,8 milhões. Nesse ano, a principal lavoura permanente do município foi a do limão, cuja produção alcançou R$ 9,8 milhões. A produção de lavouras temporárias chegou a R$ 11 milhões em 2000. Nesse ano, o valor da produção da cana-de-açúcar foi o maior entre as lavouras temporárias, com R$ 6,9 milhões. O milho (em grão) e o tomate também registraram produções superiores a R$ 1 milhão. Os dados referentes ao valor da produção de lavouras temporárias e permanentes no ano de 2000 encontram-se na Tabela 2.25.

Considerando as informações e a análise realizada, verifica-se, ainda, a predominância do emprego urbano, sobretudo no setor de serviços, que empregava 11.175 pessoas em 2000. Nesse ano, a média salarial do município foi de 5,42 salários mínimos. Dentre as cidades que possuem *campus* da UNESP, Botucatu contava com a segunda melhor remuneração média.

Município de Franca

O município de Franca possuía uma população total de 287.737 habitantes em 2000, e uma PEA representando 66,9% desse total, ou seja, 192.459 pessoas. A população feminina, maioria da PEA, detinha 50,8% do total.

Os dados da RAIS mostram que havia 51.975 pessoas registradas no setor formal da economia de Franca em 2000, com a população ocupada representando 27% da PEA do município nesse ano. Os homens detinham a maior parte dos postos de trabalho, com total de 32.989 empregados, enquanto o número de mulheres empregadas era de 18.986. Assim, a população ocupada estava dividida entre 63,5% de empregados do sexo masculino e 36,5% do sexo feminino. Portanto, embora as mulheres sejam a maioria da PEA, possuem uma participação menor do que os homens na população ocupada, confirmando a dificuldade de inserção do sexo feminino no mercado de trabalho.

A maioria dos postos de trabalho estava registrada na indústria do município, com um total de 25.675 empregados, representando 49,4% da população ocupada. Entre os demais setores, o maior número de empregados estava no serviço e comércio, com 29,1% e 17,1%, respectivamente. A agropecuária, o setor com menor número de empregados, representava apenas 2% do setor formal da economia. Os homens possuíam maior participação em quase todos os grandes setores de atividade econômica. A exceção era o setor de serviços, no qual os empregados do sexo feminino ocupavam 53,4% dos postos de trabalho. Essa participação pode ser explicada pelo número de empregos ligados à administração pública direta e autárquica. Na Tabela 2.26 observa-se o número de empregados em cada setor, segundo a divisão entre empregados por gênero.

Tabela 2.26 – Número de empregados por setor de atividade econômica em 2000 segundo o sexo

Setores	Masculino	Feminino	Total
Indústria	18.435	7.240	25.675
Construção civil	1.269	131	1.400
Comércio	5.437	3.447	8.884
Serviços	7.038	8.068	15.106
Agropecuária, extração vegetal, caça e pesca	810	100	910
Total	**32.989**	**18.986**	**51.975**

Fonte: RAIS/2000.

O principal ramo do setor industrial em Franca era a indústria de calçados, que respondia por 65% dos empregos gerados no setor.

O setor formal da economia de Franca produziu uma massa salarial total de 192.260,66 salários mínimos em 2000. A média salarial atingiu 3,70 salários mínimos nesse ano. A maior média salarial estava no setor de serviços, com remuneração de 5,19 salários mínimos, pois, embora esse setor tenha gerado dez mil empregos a menos que a indústria, teve uma participação semelhante na massa salarial do município. Assim, a média salarial da indústria era de 3,17 salários mínimos, significando que, embora esse setor seja responsável pelo maior número de empregos do município, oferece postos de trabalho com baixa remuneração em comparação a outros setores de atividade, como serviços e construção civil. Mas a pior média salarial ocorreu na agropecuária, com remuneração de 1,74 salário mínimo por empregado. A situação salarial em cada setor do município de Franca encontra-se na Tabela 2.27.

Tabela 2.27 – Massa e média salariais de Franca por setores de atividade econômica em 2000

	Massa salarial	Média salarial
	Em salários mínimos	
Indústria	81.376,70	3,17
Construção civil	4.847,19	3,46
Comércio	26.126,06	2,94
Serviços	78.327,87	5,19
Agropecuária	1.582,84	1,74
Outros/Ign	0,00	0,00
Total	**192.260,66**	**3,70**

Fonte: RAIS/2000.

Os dados apresentados mostram uma grande disparidade na média salarial de empregados com diferentes graus de instrução. Há uma tendência de aumento no salário à medida que se possui pelo menos a 8ª série incompleta. Porém, apenas a partir dos empregados com 2º grau completo registra-se uma média salarial superior à de empregados analfabetos. A diferença de salários pode ser demonstrada pela comparação da média salarial total com a média salarial de empregados com curso superior incompleto ou completo. Os empregados com essa qualificação apresentavam uma média salarial de 9 salários mínimos, correspondendo a 2,4 vezes a remuneração média do setor formal da economia do município. A desigualdade também pode ser avaliada

Tabela 2.28 – Situação salarial de acordo com o grau de escolaridade

	Empregados	Massa salarial	Média salarial
		Em salários mínimos	
Analfabeto	295	969,3	3,29
4ª série incompleta	2.201	6.448,95	2,93
4ª série completa	4.212	12.599,41	2,99
8ª série incompleta	13.561	35.613,40	2,63
8ª série completa	10.467	28.589,22	2,73
2º grau incompleto	6.174	17.547,10	2,84
2º grau completo	8.911	35.134,86	3,94
Superior incompleto	1.710	11.005,43	6,44
Superior completo	4.444	44.352,99	9,98
Total	**51.975**	**192.260,66**	**3,70**

Fonte: RAIS/2000.

Tabela 2.29 – Principais investimentos realizados em Franca no ano de 2001

Empresa	Setor de atividade	Tipo	Valor (Em US$ milhões)
Supermercado Gimenes	Varejo e reparação de objetos	Implantação	1,82
San-Cal	Couro e calçados	Ampliação	0,39
Banco Panamericano/ Franca	Intermed. financ. (exclusive seguros e previdência privada)	Implantação	0,10
Viação Cometa/Franca	Transporte terrestre	Modernização	0,07
China In Box/Franca	Alojamento e alimentação	Implantação	0,03
Contém 1g – Franca	Varejo e reparação de objetos	Implantação	0,02

Fonte: Fundação Seade; Secretaria de Ciência, Tecnologia e Desenvolvimento Econômico.

pela participação dos empregados com curso superior completo ou incompleto no total de empregados e na massa salarial total. Os empregados com maior escolaridade representavam 11,8% do total, mas a sua participação na massa salarial total era de 28,8%. A maioria dos empregados possuía o 2º grau completo. A pior remuneração foi registrada entre os empregados com a 8ª série incompleta, que ocupavam a maior parte dos postos de trabalho. Esses empregados consistiam em 26,1% da população ativa, mas recebiam em média 2,63 salários mínimos. A Tabela 2.28 exibe o número de empregados de acordo com o grau de escolaridade, acompanhado das respectivas massa e média salariais de cada faixa.

De acordo com informações do Seade, o município de Franca recebeu investimentos de US$ 2,43 milhões em 2001. Os investimentos foram destinados à ampliação, modernização e, predominantemente, à implantação de empresas. A análise das principais empresas investidoras mostra uma diversificação quanto ao setor de atividade, classificados conforme a listagem da CNAE do IBGE, com predomínio do varejo e reparação de objetos. Todos os inves-

Tabela 2.30 – Valor da produção agrícola de lavouras temporárias e permanentes de Franca em 2000 (em mil reais)

Lavoura permanente	**6.234**
Café (em coco)	6.145
Banana	63
Uva	26
Lavoura temporária	**2.537**
Milho (em grão)	1.451
Cana-de-açúcar	749
Soja (em grão)	242
Mandioca	55
Arroz (em casca)	20
Feijão (em grão)	20

Fonte: IBGE – Produção Agrícola Municipal.
Nota: Dados organizados por valor da produção em ordem decrescente.

timentos tiveram origem no Brasil. A Tabela 2.29 destaca os investimentos realizados no município em 2001.

No município de Franca, o cultivo de lavouras agrícolas permanentes era dedicado quase que totalmente à produção de café (em coco), cujo valor atingiu mais de R$ 6 milhões em 2000. Dentre as lavouras temporárias, a maior produção foi a de milho (em grão), com R$ 1,4 milhão no período. Os dados referentes ao valor da produção de lavouras temporárias e permanentes no ano de 2000 encontram-se na Tabela 2.30.

Considerando as informações e a análise realizada, verifica-se, ainda, a predominância do emprego urbano, sobretudo no setor industrial, que empregava 25.675 pessoas em 2000. Nesse ano, a média salarial do município foi 3,70 salários mínimos. Dentre as cidades que possuem *campus* da UNESP, Franca contava com a pior remuneração média.

Município de Guaratinguetá

O município de Guaratinguetá possuía uma população total de 104.219 habitantes em 2000, e uma PEA representando 67,5% desse total, ou seja, 70.310 pessoas. A população feminina, maioria da PEA, detinha 51,3% do total.

Os dados da RAIS mostram que havia 18.052 pessoas registradas no setor formal da economia de Guaratinguetá em 2000, com a população ocupada representando 25,7% da PEA do município nesse ano. Os homens detinham a maior parte dos postos de trabalho, com total de 12.095 empregados, enquanto o número de mulheres empregadas era de 5.957. Assim, a população ocupada estava dividida entre 67% de empregados do sexo masculino e 33% do sexo feminino. Portanto, embora as mulheres sejam a maioria da PEA, possuem uma participação menor do que os homens na população ocupada, confirmando a dificuldade de inserção do sexo feminino no mercado de trabalho.

A maioria dos postos de trabalho estava registrada no setor de serviços do município, com um total de 8.123 empregados, representando 45% da população ocupada. Entre os demais setores, o maior número de empregados estava na indústria e no comércio, com 23,1% e 21,4%, respectivamente. A construção civil, o setor com menor número de empregados, representava menos de 3% do setor formal da economia. Os homens possuíam maior participação em todos os grandes setores de atividade econômica. A distribuição mais desigual ocorria no setor agropecuário, no qual as mulheres possuíam uma participação de 7,1%. Em contrapartida, o setor de serviços apresentou a divisão mais equilibrada. Nele, a participação das mulheres era de 44,8%. Na Tabela 2.31 observa-se o número de empregados em cada setor, segundo a divisão entre empregados por gênero.

Tabela 2.31 – Número de empregados por setor de atividade econômica em 2000 segundo o sexo

Setores	Masculino	Feminino	Total
Indústria	3.397	773	4.170
Construção civil	474	42	516
Comércio	2.464	1.408	3.872
Serviços	4.487	3.636	8.123
Agropecuária, extração vegetal, caça e pesca	1.273	98	1.371
Total	**12.095**	**5.957**	**18.052**

Fonte: RAIS/2000.

Os principais ramos do setor industrial de Guaratinguetá eram a indústria química de produtos farmacêuticos, veterinários, perfumaria e a indústria de produtos alimentícios, bebidas e álcool etílico, que respondem por pouco mais de 50% dos empregos gerados no setor.

Tabela 2.32 – Massa e média salariais de Guaratinguetá por setores de atividade econômica em 2000

	Massa salarial	Média salarial
	Em salários mínimos	
Indústria	27.848,09	6,68
Construção civil	1.771,57	3,43
Comércio	12.251,97	3,16
Serviços	40.369,84	4,97
Agropecuária	2.098,93	1,53
Outros/Ign	0,00	0,00
Total	**84.340,40**	**4,67**

Fonte: RAIS/2000.

O setor formal da economia de Guaratinguetá produziu uma massa salarial total de 84.340,40 salários mínimos em 2000. A média salarial atingiu 4,67 salários mínimos nesse ano. O setor industrial apresentava a maior média salarial do município, com uma remuneração de 6,68 salários mínimos por empregado. O setor de serviços era responsável pela maior parte da massa salarial de Guaratinguetá, uma vez que 47,9% da renda do setor formal da economia era gerada nesse setor. Em contrapartida, a construção civil possuía a menor participação na massa salarial total do município, com cerca de 2%. A pior remuneração estava na agropecuária, com média salarial de 1,53 salário mínimo. A situação salarial em cada setor do município de Guaratinguetá encontra-se na Tabela 2.32.

Os dados apresentados mostram uma grande disparidade na média salarial de empregados com diferentes graus de instrução. Há uma tendência de aumento no salário à medida que se possui pelo menos a 8ª série completa. A diferença de salários pode ser demonstrada pela comparação da média salarial total com a média salarial de empregados com curso superior incompleto ou completo. Os empregados com essa qualificação apresentavam uma média

Tabela 2.33 – Situação salarial de acordo com o grau de escolaridade

	Empregados	Massa salarial	Média salarial
		Em salários mínimos	
Analfabeto	142	386,23	2,72
4ª série incompleta	1.875	3.940,61	2,1
4ª série completa	1.733	6.368,50	3,67
8ª série incompleta	1.942	6.814,34	3,51
8ª série completa	4.338	14.020,61	3,23
2º grau incompleto	1.340	5.196,45	3,88
2º grau completo	4.102	19.507,76	4,76
Superior incompleto	599	4.750,51	7,93
Superior completo	1.981	23.355,39	11,79
Total	**18.052**	**84.340,40**	**4,67**

Fonte: RAIS/2000.

salarial de 10,91 salários mínimos, correspondendo a 2,3 vezes a remuneração média do setor formal da economia do município. A desigualdade também pode ser avaliada pela participação dos empregados com curso superior completo ou incompleto no total de empregados e na massa salarial total. Os empregados com maior escolaridade representavam 14,3% do total, mas a sua participação na massa salarial total era de 33,4%. O maior número de empregados possuía a 8ª série completa. A participação desses empregados no total era de 24%. A pior remuneração foi registrada entre os empregados com a 4ª série incompleta, que recebiam em média 2,1 salários mínimos. A Tabela 2.33 exibe o número de empregados de acordo com o grau de escolaridade, acompanhado das respectivas massa e média salariais de cada faixa.

De acordo com informações do Seade, o município de Guaratinguetá recebeu investimentos de US$ 18,68 milhões em 2001. Os investimentos foram destinados à ampliação, modernização e implantação de empresas. A

Tabela 2.34 – Principais investimentos realizados em Guaratinguetá no ano de 2001

Empresa	Setor de atividade	Tipo	Valor (Em US$ milhões)
Stollberg	Produtos químicos	Implantação	10,00
Horizon Cablevision	Telecomunicações	Ampliação	7,37
Centro de Oncologia Frei Galvão	Saúde e serviços sociais	Implantação	0,42
Graal/Posto Três Garças de Combustíveis	Com. e rep. automotores e varejo	Ampliação	0,4
Laboratório Oswaldo Cruz/Guaratinguetá	Saúde e serviços sociais	Implantação	0,23
Contém 1g-Guaratinguetá	Varejo e reparação de objetos	Implantação	0,02
High Value	Atividades de informática	Implantação	0,02
Clube de Campo Pedrinhas	Atividades associativas	Ampliação	0,13
Universidade Metodista	Educação	Implantação	0,08
Viação Cometa/ Guaratinguetá	Transporte terrestre	Modernização	0,01

Fonte: Fundação Seade; Secretaria de Ciência, Tecnologia e Desenvolvimento Econômico.

análise das principais empresas investidoras mostra uma diversificação quanto ao setor de atividade, listados conforme a CNAE do IBGE, com predomínio do varejo e reparação de objetos. Praticamente todos os investimentos tiveram origem no Brasil. A exceção foi a implantação da Stollberg, empresa de origem alemã, que ocupa o primeiro lugar da lista, com investimento total de US$ 10 milhões, ou 53,5% do total investido em Guaratinguetá. A Tabela 2.34 destaca os investimentos realizados no município em 2001.

Em termos de produção agrícola há o predomínio das culturas agrícolas temporárias. Em 2000, a produção de lavouras desse tipo somou R$ 3,1 milhões. Nesse ano, a principal lavoura temporária do município foi o arroz (em casca), cuja produção alcançou R$ 2,2 milhões. A produção de lavouras agrícolas permanentes atingiu R$ 917 mil no mesmo período. Nesse tipo de cultura, a maior produção foi a de tangerina. Os dados referentes ao valor da produção de lavouras temporárias e permanentes no ano de 2000 encontram-se na Tabela 2.35.

Considerando as informações e a análise realizada, verifica-se, ainda, a predominância do emprego urbano, sobretudo no setor de serviços, que

Tabela 2.35 – Valor da produção agrícola de lavouras temporárias e permanentes de Guaratinguetá em 2000 (em mil reais)

Lavoura temporária	3.055
Arroz (em casca)	2.196
Tomate	438
Milho (em grão)	253
Mandioca	96
Feijão (em grão)	72
Lavoura permanente	**917**
Tangerina	480
Banana	255
Laranja	162
Limão	20

Fonte: IBGE – Produção Agrícola Municipal.
Nota: Dados organizados por valor da produção em ordem decrescente.

empregava 8.123 pessoas em 2000. Nesse ano, a média salarial do município foi de 4,67 salários mínimos. Dentre as cidades que possuem *campus* da UNESP, Guaratinguetá ocupava a nona colocação em termos de remuneração média.

Município de Ilha Solteira

O município de Ilha Solteira possuía uma população total de 23.996 habitantes em 2000, e uma PEA representando 71,2% desse total, ou seja, 17.077 pessoas. A população feminina, maioria da PEA, detinha 51,8% do total.

Os dados da RAIS mostram que havia 3.822 pessoas registradas no setor formal da economia de Ilha Solteira em 2000, com a população ocupada representando 22,4% da PEA do município nesse ano. Os homens detinham a maior parte dos postos de trabalho, com um total de 2.265 empregados, enquanto o número de mulheres empregadas era de 1.557. Assim, a população ocupada estava dividida entre 59,3% de empregados do sexo masculino e 40,7% do sexo feminino. Portanto, embora as mulheres sejam a maioria da PEA, possuem uma participação menor do que os homens na população ocupada, confirmando a dificuldade de inserção do sexo feminino no mercado de trabalho.

A maioria dos postos de trabalho estava registrada no setor de serviços do município, com um total de 2.594 empregados, representando 67,9% da população ocupada. Entre os demais setores, o maior número de empregados estava nos setores de comércio e construção civil, com 18,6% e 8,1%, respectivamente. A agropecuária, o setor com menor número de empregados, repre-

Tabela 2.36 – Número de empregados por setor de atividade econômica em 2000 segundo o sexo

Setores	Masculino	Feminino	Total
Indústria	93	20	113
Construção civil	161	149	310
Comércio	425	286	711
Serviços	1.498	1.096	2.594
Agropecuária, extração vegetal, caça e pesca	88	6	94
Total	**2.265**	**1.557**	**3.822**

Fonte: RAIS/2000.

sentava 2,5% do setor formal da economia. Os homens possuíam maior participação em todos os grandes setores de atividade econômica. A distribuição mais desigual ocorria no setor agropecuário, no qual as mulheres ocupavam 6 dos 94 postos de trabalho, correspondendo a 6,4% do total de empregos do setor. Em contrapartida, o setor de construção civil apresentava a divisão mais equilibrada. Nele, a participação das mulheres era de 48,1%. Na Tabela 2.36 observa-se o número de empregados em cada setor, segundo a divisão entre empregados por gênero.

Na tabela constata-se a pequena participação da indústria no número total de empregados, inferior a 3%.

O setor formal da economia de Ilha Solteira produziu uma massa salarial total de 19.585,98 salários mínimos em 2000. A média salarial atingiu 5,12 salários mínimos nesse ano. A análise salarial confirma a importância do setor de serviços para o município. Esse setor apresentou a maior média salarial do município, com uma remuneração de 6,29 salários mínimos por empregado, além de ser responsável pela maior parte da massa salarial de Ilha Solteira, pois 83,4% da renda do setor formal da economia eram gerados nesse setor. A agropecuária foi o destaque negativo, pois apresentou a menor massa e média salariais do município. A situação salarial em cada setor do município de Ilha Solteira encontra-se na Tabela 2.37.

Tabela 2.37 – Massa e média salariais de Ilha Solteira por setores de atividade econômica em 2000

	Massa salarial	Média salarial
	Em salários mínimos	
Indústria	297,29	2,63
Construção civil	967,43	3,12
Comércio	1.770,77	2,49
Serviços	16.325,46	6,29
Agropecuária	225,03	2,39
Outros/Ign	0	0,00
Total	**19.585,98**	**5,12**

Fonte: RAIS/2000.

Os dados apresentados mostram uma grande disparidade na média salarial de empregados com diferentes graus de instrução, confirmando a tendência de aumento no salário à medida que se possui maior escolaridade. A comparação da média salarial total com a média salarial de empregados com curso superior incompleto ou completo confirma essa diferença. Os empregados com essa qualificação apresentavam uma média salarial de 11,91 salários mínimos, correspondendo a 2,3 vezes a remuneração média do setor formal da economia do município. Em relação aos empregados analfabetos, a diferença era ainda mais significativa. Nesse caso, os empregados com maior qualificação possuíam uma remuneração sete vezes maior. A desigualdade também pode ser avaliada pela participação dos empregados com curso superior completo ou incompleto no total de empregados e na massa salarial total. Os empregados com maior escolaridade representavam 19,4% do total, mas a sua participação na massa salarial total atingia 45%. A maioria dos empregados possuía o 2º grau completo. O número de empregados com essa qualificação era de 1.199, consistindo em 31,4% da população ocupada. A Tabela 2.38 exibe o número de empregados de acordo com o grau de escolaridade, acompanhado das respectivas massa e média salariais de cada faixa.

Tabela 2.38 – Situação salarial de acordo com o grau de escolaridade

	Empregados	Massa salarial	Média salarial
		Em salários mínimos	
Analfabeto	12	20,25	1,69
4ª série incompleta	129	368,7	2,86
4ª série completa	237	788,31	3,33
8ª série incompleta	446	1.431,05	3,21
8ª série completa	705	2.578,47	3,66
2º grau incompleto	354	1.036,66	2,93
2º grau completo	1.199	4.546,50	3,79
Superior incompleto	100	662,6	6,63
Superior completo	640	8.153,44	12,74
Total	3.822	19.585,98	5,12

Fonte: RAIS/2000.

Tabela 2.39 – Investimento realizado em Ilha Solteira entre janeiro e junho de 2002

Empresa	Setor de atividade	Tipo	Valor (Em US$ milhões)
Conquista da Água	Atividades recreativas, culturais e desportivas	Implantação	60,00

Fonte: Fundação Seade; Secretaria de Ciência, Tecnologia e Desenvolvimento Econômico.

Tabela 2.40 – Valor da produção agrícola de lavouras temporárias e permanentes em Ilha Solteira em 2000 (em mil reais)

Lavoura temporária	3.751
Milho (em grão)	2.646
Feijão (em grão)	916
Mandioca	56
Soja (em grão)	46
Alho	40
Tomate	33
Lavoura permanente	**511**
Laranja	327
Uva	116
Banana	39
Manga	18

Fonte: IBGE – Produção Agrícola Municipal.
Nota: Dados organizados por valor da produção em ordem decrescente.

De acordo com informações do Seade, o município de Ilha Solteira recebeu investimento de US$ 60 milhões no primeiro semestre de 2002. O investimento foi destinado à implantação da empresa Conquista da Água, no setor de atividades recreativas, culturais e desportivas. A Tabela 2.39 destaca o investimento realizado no município em 2002.

Em termos de produção agrícola há o predomínio das culturas agrícolas temporárias. Em 2000, a produção de lavouras desse tipo somou R$ 3,8 milhões. Nesse ano, a principal lavoura temporária do município foi o milho (em grão), cujo valor da produção alcançou R$ 2,6 milhões. Em seguida, pode-se destacar o feijão (em grão), com produção de R$ 916 mil. Dentre as lavouras permanentes, as principais culturas foram a da laranja e a da uva. Os dados referentes ao valor da produção de lavouras temporárias e permanentes no ano de 2000 encontram-se na Tabela 2.40.

Considerando as informações e análises realizadas, verifica-se, ainda, a predominância do emprego urbano, sobretudo no setor de serviços, que empregava 2.594 pessoas em 2000. Nesse ano, a média salarial do município foi de 5,12 salários mínimos. Dentre as cidades que possuem *campus* da UNESP, Ilha Solteira contava com a quarta melhor remuneração média.

Município de Jaboticabal

O município de Jaboticabal possuía uma população total de 67 mil habitantes em 2000, e uma PEA representando 67,7% desse total, ou seja, 45.334 pessoas. A população feminina, maioria da PEA, detinha 50,9% do total.

Os dados da RAIS mostram que havia 13.681pessoas registradas no setor formal da economia de Jaboticabal em 2000, com a população ocupada representando 30,2% da PEA do município nesse ano. Os homens detinham a maior parte dos postos de trabalho, com total de 9.525 empregados, enquanto o número de mulheres empregadas era de 4.156. Assim, a população ocupada estava dividida entre 69,6% de empregados do sexo masculino e 30,4% do sexo feminino. Portanto, embora as mulheres sejam a maioria da PEA, possuem uma participação menor do que os homens na população ocupada, confirmando a dificuldade de inserção do sexo feminino no mercado de trabalho.

A maioria dos postos de trabalho estava registrada no setor de serviços do município, com um total de 5.574 empregados, representando 40,7% da população ocupada. Entre os demais setores, o maior número de empregados estava na indústria e no comércio, com 27,7% e 16,5%, respectivamente. A construção civil, o setor com menor número de empregados, representava apenas 3,3% do setor formal da economia. Os homens possuíam maior participação em todos os grandes setores de atividade econômica. A distribuição mais desigual ocorria no setor da construção civil, no qual as mulheres possuíam uma participação de 6,3%. Em contrapartida, o setor de serviços apresentava a divisão mais equilibrada. Nele, a participação das mulheres era de 46,2%. Na Tabela 2.41 observa-se o número de empregados em cada setor, segundo a divisão entre empregados por gênero.

Tabela 2.41 – Número de empregados por setor de atividade econômica em 2000 segundo o sexo

Setores	Masculino	Feminino	Total
Indústria	3.256	530	3.786
Construção civil	429	29	458
Comércio	1.403	853	2.256
Serviços	2.998	2.576	5.574
Agropecuária, extração vegetal, caça e pesca	1.439	168	1.607
Total	**9.525**	**4.156**	**13.681**

Fonte: RAIS/2000.

Tabela 2.42 – Massa e média salariais de Jaboticabal por setores de atividade econômica em 2000

	Massa salarial	Média salarial
	Em salários mínimos	
Indústria	18.959,26	5,01
Construção civil	2.634,52	5,75
Comércio	7.122,00	3,16
Serviços	34.419,55	6,18
Agropecuária	5.272,06	3,28
Outros/Ign	0,00	0,00
Total	**68.407,39**	**5,00**

Fonte: RAIS/2000.

A desagregação do setor industrial mostra que os maiores empregadores eram a indústria de produtos alimentícios, bebidas e álcool etílico e a de produtos minerais não-metálicos.

O setor formal da economia de Jaboticabal produziu uma massa salarial total de 68.407,39 salários mínimos em 2000. A média salarial atingiu 5 salários mínimos nesse ano. O setor de serviços apresentava a maior média salarial do município, com uma remuneração de 6,18 salários mínimos por empregado, e também a maior massa salarial, uma vez que 50,3% da renda do setor formal da economia eram gerados nesse setor. Em contrapartida, o comércio apresenta a menor média salarial (3,16 salários mínimos) e a construção civil a menor massa salarial (3,9% do total). A situação salarial em cada setor do município de Jaboticabal encontra-se na Tabela 2.42.

Os dados apresentados mostram uma grande disparidade na média salarial de empregados com diferentes graus de instrução, confirmando a tendência de aumento no salário à medida que se possui maior escolaridade. A comparação da média salarial total com a média salarial de empregados com curso superior incompleto ou completo confirma essa diferença. Os empregados com essa qualificação apresentavam uma média salarial de 11,78 salários mínimos, correspondendo a 2,4 vezes a remuneração média do setor formal da economia do município. Em relação aos empregados analfabetos, a diferença era ainda

Tabela 2.43 – Situação salarial de acordo com o grau de escolaridade

	Empregados	Massa salarial	Média salarial
		Em salários mínimos	
Analfabeto	173	575,96	3,33
4ª série incompleta	1.361	5.032,45	3,7
4ª série completa	2.334	10.118,45	4,34
8ª série incompleta	2.209	7.327,33	3,32
8ª série completa	2.220	7.999,98	3,6
2º grau incompleto	1.337	4.082,85	3,05
2º grau completo	2.121	10.582,23	4,99
Superior incompleto	351	2.355,53	6,71
Superior completo	1.575	20.332,61	12,91
Total	**13.681**	**68.407,39**	**5,10**

Fonte: RAIS/2000.

mais significativa. Nesse caso, os empregados com maior qualificação possuíam uma remuneração 3,5 vezes maior. A desigualdade também pode ser avaliada pela participação dos empregados com curso superior completo ou incompleto no total de empregados e na massa salarial total. Os empregados com maior escolaridade representavam 14% do total, mas a sua participação na massa salarial total atingia 33,2%. A maioria dos empregados possuía a 4ª série completa. O número de empregados com essa qualificação era de 2.334, constituindo 17,1% da população ocupada. A média salarial desses empregados era de 4,34 salários mínimos. A Tabela 2.43 exibe o número de empregados de acordo com o grau de escolaridade, acompanhado das respectivas massa e média salariais de cada faixa.

De acordo com informações do Seade, o município de Jaboticabal recebeu investimentos de US$ 6,34 milhões em 2001. Os investimentos destinavam-se à ampliação das empresas já existentes. O primeiro lugar é ocupado pela Horizon Cablevision, que atua no setor de Telecomunicações, com investimento total de US$ 5,11 milhões, ou 80,6% do total investido em Jaboticabal, e o segundo lugar é ocupado pela Adria/Jaboticabal, de origem argentina, que atua no setor de alimentos e bebidas, com investimento total de US$ 1,23 milhão. A Tabela 2.44 destaca os dois maiores investimentos realizados no município em 2001.

Tabela 2.44 – Os dois principais investimentos realizados em Jaboticabal no ano de 2001

Empresa	Setor de atividade	Tipo	Valor (Em US$ milhões)
Horizon Cablevision	Telecomunicações	Ampliação	5,11
Adria/Jaboticabal	Alimentos e bebidas	Ampliação	1,23

Fonte: Fundação Seade; Secretaria de Ciência, Tecnologia e Desenvolvimento Econômico.

Em termos de produção agrícola há o predomínio das culturas agrícolas temporárias. Em 2000, a produção de lavouras desse tipo somou R$ 67,3 milhões. Nesse ano, a principal lavoura temporária do município foi a de cana-de-açúcar, com um valor da produção de R$ 53,5 milhões. Dentre as lavouras permanentes, a maior produção foi a de manga, com R$ 1,8 milhão no período. Os dados referentes ao valor da produção de lavouras temporárias e permanentes no ano de 2000 encontram-se na Tabela 2.45.

Considerando as informações e a análise realizada, verifica-se, ainda, a predominância do emprego urbano, sobretudo no setor de serviços, que empregava 5.574 pessoas em 2000. Nesse ano, a média salarial do município foi de 5 salários mínimos. Dentre as cidades que possuem *campus* da UNESP, Jaboticabal contava com a quinta melhor remuneração média.

Tabela 2.45 – Valor da produção agrícola de lavouras temporárias e permanentes em Jaboticabal em 2000

Lavoura temporária	Em mil reais
Cana-de-açúcar	53.520
Amendoim (em casca)	9.023
Soja (em grão)	1.944
Algodão herbáceo (em caroço)	929
Milho (em grão)	858
Tomate	564
Cebola	328
Feijão (em grão)	110
Mandioca	40
Sorgo (em grão)	22
Arroz (em casca)	12
Lavoura permanente	
Manga	1.870
Laranja	144
Goiaba	29
Tangerina	26
Café (em coco)	24
Limão	9
Abacate	6

Fonte: IBGE – Produção Agrícola Municipal.
Nota: Dados organizados por valor da produção em ordem decrescente.

Município de Marília

O município de Marília possuía uma população total de 197 mil habitantes em 2000, e uma PEA representando 67,7% desse total, ou seja, 133.306 pessoas. A população feminina, maioria da PEA, detinha 51,2% do total.

Os dados da RAIS mostram que havia 37.792 pessoas registradas no setor formal da economia de Marília em 2000, com a população ocupada representando 28,3% da PEA do município nesse ano. Os homens detinham a maior parte dos postos de trabalho, com um total de 22.809 empregados, enquanto o número de mulheres empregadas era de 14.983. Assim, a população ocupada estava dividida entre 60,4% de empregados do sexo masculino e 39,6% do sexo feminino. Portanto, embora as mulheres sejam a maioria da PEA, possuem uma participação menor do que os homens na população ocupada, confirmando a dificuldade de inserção do sexo feminino no mercado de trabalho.

A maioria dos postos de trabalho estava registrada no setor de serviços do município, com um total de 16.344 empregados, representando 43,2% da população ocupada. Entre os demais setores, o maior número de empregados estava na indústria e no comércio, com 25,2% e 23,1%, respectivamente. A agropecuária, o setor com menor número de empregados, representada apenas 3,6% do setor formal da economia. Os homens possuíam maior participação em todos os grandes setores de atividade econômica, exceto no setor de comércio, no qual as mulheres representavam 52,2%. Nos demais setores a distribuição era bastante desigual, sendo a maior delas no da construção civil, no qual as mulheres possuíam uma participação de 4,4%. Na Tabela 2.46 observa-se o número de empregados em cada setor, segundo a divisão entre empregados por gênero.

A desagregação do setor industrial mostra que os maiores empregadores eram a indústria de produtos alimentícios, bebidas e álcool etílico e a metalúrgica.

O setor formal da economia de Marília produziu uma massa salarial total de 174.995,04 salários mínimos em 2000. A média salarial atingiu 4,63 salários mínimos nesse ano. O setor de serviços apresentava a maior média salarial do município, com uma remuneração de 5,99 salários mínimos por empregado, e também a maior massa salarial, uma vez que 56% da renda do setor formal da economia eram gerados nesse setor. A agropecuária é o destaque negativo, pois apresentava a menor massa e média salariais do município. A situação salarial em cada setor do município de Marília encontra-se na Tabela 2.47.

Os dados apresentados mostram uma grande disparidade na média salarial de empregados com diferentes graus de instrução, confirmando a tendência de aumento no salário à medida que se possui maior escolaridade. A comparação da média salarial total com a média salarial de empregados com curso

Tabela 2.46 – Número de empregados por setor de atividade econômica em 2000 segundo o sexo

Setores	Masculino	Feminino	Total
Indústria	6.740	2.778	9.518
Construção civil	1.756	81	1.837
Comércio	5.270	3.445	8.715
Serviços	7.816	8.528	16.344
Agropecuária, extração vegetal, caça e pesca	1.227	151	1.378
Total	**22.809**	**14.983**	**37.792**

Fonte: RAIS/2000.

Tabela 2.47 – Massa e média salariais de Marília por setores de atividade econômica em 2000

	Massa salarial	Média salarial
	Em salários mínimos	
Indústria	41.848,70	4,40
Construção civil	6.259,65	3,41
Comércio	26.521,34	3,04
Serviços	97.958,39	5,99
Agropecuária	2.406,96	1,75
Outros/Ign	0,00	0,00
Total	**174.995,04**	**4,63**

Fonte: RAIS/2000.

superior incompleto ou completo confirma essa diferença. Os empregados com essa qualificação apresentavam uma média salarial de 10,34 salários mínimos, correspondendo a 2,3 vezes a remuneração média do setor formal da economia do município. Em relação aos empregados analfabetos, a diferença é ain-

Tabela 2.48 – Situação salarial de acordo com o grau de escolaridade

	Empregados	Massa salarial	Média salarial
		Em salários mínimos	
Analfabeto	379	1.034,15	2,73
4ª série incompleta	2.104	6.512,52	3,1
4ª série completa	3.373	11.291,31	3,35
8ª série incompleta	5.286	16.964,77	3,21
8ª série completa	6.508	21.802,98	3,35
2º grau incompleto	4.714	14.449,35	3,07
2º grau completo	8.947	35.930,92	4,02
Superior incompleto	1.866	12.352,98	6,62
Superior completo	4.615	54.656,06	11,84
Total	**37.792**	**174.995,04**	**4,63**

Fonte: RAIS/2000.

da mais significativa. Nesse caso, os empregados com maior qualificação possuem uma remuneração 3,79 vezes maior. A desigualdade também pode ser avaliada pela participação dos empregados com curso superior completo ou incompleto no total de empregados e na massa salarial total. Os empregados com maior escolaridade representavam 17,1% do total, mas a sua participação na massa salarial total atingia 38,3%. A maioria dos empregados possuía o 2º grau completo. O número de empregados com essa qualificação era de 8.947, constituindo 23,7% da população ocupada. A média salarial desses empregados foi de 4,02 salários mínimos, próxima da remuneração média do município. A Tabela 2.48 exibe o número de empregados de acordo com o grau de escolaridade, acompanhado das respectivas massa e média salariais de cada faixa.

De acordo com informações do Seade, o município de Marília recebeu investimentos de US$ 6,26 milhões em 2001. Os investimentos destinaram-se predominantemente à implantação e ampliação das empresas. A análise das principais empresas investidoras mostra uma diversificação quanto ao setor de atividade, listados conforme a CNAE do IBGE. Porém, uma característica em comum é a origem da empresa, todas brasileiras. O primeiro lugar é ocupado

Tabela 2.49 – Os dez principais investimentos realizados em Marília no ano de 2001

Empresa	Setor de atividade	Tipo	Valor (Em US$ milhões)
Marilan	Alimentos e bebidas	Ampliação	3,65
Dori	Alimentos e bebidas	Implantação	1,42
Parque Aquático Marília	Atividades recreativas, culturais e desportivas	Implantação	0,54
Rimag Ferramentas e Máquinas	Atacado	Implantação	0,12
Tsuru do Brasil	Produtos químicos	Implantação	0,12
CNA/Marília	Educação	Implantação	0,11
Hidrossol	Borracha e plástico	Ampliação	0,11
Banco Panamericano/ Marília	Intermed. financ. (exclusive seguros e previdência privada)	Implantação	0,1
China In Box/Marília	Alojamento e alimentação	Implantação	0,03
Contém 1g – Marília	Varejo e reparação de objetos	Implantação	0,02

Fonte: Fundação Seade; Secretaria de Ciência, Tecnologia e Desenvolvimento Econômico.

pela Marilan, que atua no setor de alimentos e bebidas, com investimento total de US$ 3,65 milhões, ou 58,3% do total investido em Marília. A Tabela 2.49 destaca os dez maiores investimentos realizados no município em 2001.

Em termos de produção agrícola há o predomínio das culturas agrícolas permanentes. Em 2000, a produção de lavouras desse tipo somou R$ 9 milhões. Nesse ano, a principal lavoura permanente do município foi a tangerina, cujo valor da produção alcançou R$ 3,6 milhões. Dentre as lavouras temporárias, a maior produção foi a da lavoura de amendoim, com R$ 1,3 milhão no período. Os dados referentes ao valor da produção de lavouras temporárias e permanentes no ano de 2000 encontram-se na Tabela 2.50.

Considerando as informações e a análise realizada, verifica-se, ainda, a predominância do emprego urbano, sobretudo no setor de serviços, que empregava 16.344 pessoas em 2000. Nesse ano, a média salarial do município foi de 4,63 salários mínimos. Dentre as cidades que possuem *campus* da UNESP, Marília ocupava o décimo primeiro lugar em termos de remuneração média.

Tabela 2.50 – Valor da produção agrícola de lavouras temporárias e permanentes em Marília em 2000

Lavoura permanente	Em mil reais
Tangerina	3.638
Maracujá	2.635
Café (em coco)	1.735
Abacate	416
Limão	195
Laranja	175
Borracha (látex coagulado)	88
Coco-da-baía	60
Uva	48
Pêssego	44
Manga	14
Lavoura temporária	
Amendoim (em casca)	1.372
Tomate	496
Milho (em grão)	413
Feijão (em grão)	187
Mandioca	90

Fonte: IBGE – Produção Agrícola Municipal.
Nota: Dados organizados por valor da produção em ordem decrescente.

Município de Presidente Prudente

O município de Presidente Prudente possuía uma população total de 189.186 habitantes em 2000, e uma PEA representando 68,4% desse total, ou seja, 129.316 pessoas. A população feminina, maioria da PEA, detinha 51,8% do total.

Os dados da RAIS mostram que havia 38.302 pessoas registradas no setor formal da economia de Presidente Prudente em 2000, com a população ocupada representando 29,6% da PEA do município nesse ano. Os homens detinham a maior parte dos postos de trabalho, com um total de 23.997 empregados, enquanto o número de mulheres empregadas era de 14.305. Assim, a população ocupada estava dividida entre 62,7% de empregados do sexo masculino e 37,3% do sexo feminino. Portanto, embora as mulheres sejam a maioria da PEA, possuem uma participação menor do que os homens na população ocupada, confirmando a dificuldade de inserção do sexo feminino no mercado de trabalho.

A maioria dos postos de trabalho estava registrada no setor de serviços do município, com um total de 19.353 empregados, representando 50,5% da população ocupada. Entre os demais setores, o maior número de empregados estava nos setores de comércio e indústria, com 25% e 15,2%, respectivamente. A agropecuária, o setor com menor número de empregados, representava 1,2% do setor formal da economia. Os homens possuíam maior participação em todos os grandes setores de atividade econômica. A distribuição mais desigual ocorria no setor da construção civil, no qual as mulheres possuíam uma participação de 9%. Em contrapartida, o setor de serviços apresentava a divisão mais equilibrada. Nele, a participação das mulheres era de 46,7%. Na Tabela 2.51 observa-se o número de empregados em cada setor, segundo a divisão entre empregados por gênero.

Tabela 2.51 – Número de empregados por setor de atividade econômica em 2000 segundo o sexo

Setores	Masculino	Feminino	Total
Indústria	4.180	1.643	5.823
Construção civil	2.809	277	3.086
Comércio	6.285	3.294	9.579
Serviços	10.313	9.040	19.353
Agropecuária, extração vegetal, caça e pesca	410	51	461
Total	**23.997**	**14.305**	**38.302**

Fonte: RAIS/2000.

O principal ramo do setor industrial de Presidente Prudente era a indústria de produtos alimentícios, bebidas e álcool etílico, que respondia por pouco mais de 40% dos empregos gerados no setor.

O setor formal da economia de Presidente Prudente produziu uma massa salarial total de 179.077,70 salários mínimos em 2000. A média salarial atingiu 4,68 salários mínimos nesse ano. O setor de serviços apresentava a maior média salarial do município, com uma remuneração de 5,73 salários mínimos por empregado. Esse setor foi responsável pela maior parte da massa salarial de Presidente Prudente, uma vez que 61,9% da renda do setor formal da economia foram gerados nele. A agropecuária era o setor em pior condição, pois apresentava a menor massa e média salariais do município. A situação salarial de cada setor do município de Presidente Prudente encontra-se na Tabela 2.52.

Tabela 2.52 – Massa e média salariais de Presidente Prudente por setores de atividade econômica em 2000

	Massa salarial	Média salarial
	Em salários mínimos	
Indústria	24.966,56	4,29
Construção civil	11.711,98	3,80
Comércio	30.361,95	3,17
Serviços	110.828,80	5,73
Agropecuária	1.208,41	2,62
Outros/Ign	0,00	0,00
Total	**179.077,70**	**4,68**

Fonte: RAIS/2000.

Os dados apresentados mostram uma grande disparidade na média salarial de empregados com diferentes graus de instrução, confirmando a tendência de aumento no salário à medida que se possui maior escolaridade. Essa é a situação para empregados que possuem pelo menos a 8ª série completa. A comparação da média salarial total com a média salarial de empregados com curso superior incompleto ou completo confirma o aumento de remuneração para empregados com maior escolaridade. Os empregados com essa qualificação apresentavam uma média salarial de 10,84 salários mínimos, significando um pouco mais que o dobro da remuneração média do setor formal da economia do município. A desigualdade também pode ser avaliada pela participação dos empregados com curso superior completo ou incompleto no total de empregados e na massa salarial total. Os empregados com maior escolaridade representavam 15,8% do total, mas a sua participação na massa salarial total atingia 36,7%. A pior situação salarial era dos empregados que possuíam a 8ª série completa. Esses empregados recebiam em média 3,14 salários mínimos. A maioria dos empregados possuía o 2º grau completo. O número de empregados com essa qualificação era de 9.595, consistindo em 25,1% da população ocupada. A média salarial desses empregados era de 4,17 salários mínimos, a mais próxima da remuneração média do município. A Tabela 2.53 exibe o número de empregados de acordo com o grau de escolaridade, acompanhado das respectivas massa e média salariais de cada faixa.

De acordo com informações do Seade, o município de Presidente Prudente recebeu investimentos de US$ 10,09 milhões em 2001. Os investimentos destinaram-se à implantação, modernização e ampliação das empresas. A análise

Tabela 2.53 – Situação salarial de acordo com o grau de escolaridade

	Empregados	Massa salarial	Média salarial
		Em salários mínimos	
Analfabeto	181	592,5	3,27
4º série incompleta	1.316	4.275,17	3,25
4º série completa	3.247	11.118,50	3,42
8º série incompleta	6.075	20.032,58	3,3
8º série completa	7.751	24.339,36	3,14
2º grau incompleto	4.081	13.061,79	3,2
2º grau completo	9.595	40.009,53	4,17
Superior incompleto	1.266	9.009,27	7,12
Superior completo	4.790	56.639,00	11,82
Total	**38.302**	**179.077,70**	**4,68**

Fonte: RAIS/2000.

Tabela 2.54 – Principais investimentos realizados em Presidente Prudente no ano de 2001

Empresa	Setor de atividade	Tipo	Valor (Em US$ milhões)
Andorinha	Transporte terrestre	Modernização	4,74
Brascan	Agropecuária e pesca	Ampliação	2,53
Premix	Alimentos e bebidas	Implantação	1,74
Amidoeste	Alimentos e bebidas	Implantação	0,6
Bon Mart	Alimentos e bebidas	Implantação	0,18
Banco Panamericano/ Presidente Prudente	Intermed. financ. (exclusive seguros e previdência privada)	Implantação	0,14
CNA/Presidente Prudente	Educação	Implantação	0,11
Contém 1g – Presidente Prudente	Varejo e reparação de objetos	Implantação	0,03
Tanapi – Materiais para Construção	Varejo e reparação de objetos	Ampliação	0,02

Fonte: Fundação Seade; Secretaria de Ciência, Tecnologia e Desenvolvimento Econômico.

das principais empresas investidoras mostra uma diversificação quanto ao setor de atividade, listados conforme a CNAE do IBGE. Alguns setores aparecem mais de uma vez na lista, situação dos setores de alimentos e bebidas e varejo e reparação de objetos. Uma característica comum entre as empresas é a origem do capital, na maioria brasileiro. Dentre as empresas listadas, apenas o capital investido pela Brascan é de origem estrangeira (canadense). O primeiro lugar é ocupado pela Andorinha, que investiu US$ 4,74 milhões no setor de transporte terrestre. Esse número representa 47% do investimento realizado no município. A Tabela 2.54 exibe os investimentos realizados no município em 2001.

Em termos de produção agrícola há o predomínio das culturas agrícolas temporárias. Em 2000, a produção de lavouras desse tipo somou R$ 9,7 milhões. Neste ano, a principal lavoura temporária do município foi a de cana-de-açúcar, com um valor da produção de R$ 8,7 milhões. As lavouras permanentes possuem uma produção modesta no município, dedicadas principalmente ao cultivo de manga. Os dados referentes ao valor da produção de lavouras temporárias e permanentes no ano de 2000 encontram-se na Tabela 2.55.

Tabela 2.55 – Valor da produção agrícola de lavouras temporárias e permanentes em Presidente Prudente em 2000 (em mil reais)

Lavoura temporária	9.724
Cana-de-açúcar	8.742
Milho (em grão)	413
Mandioca	220
Tomate	146
Feijão (em grão)	80
Melancia	63
Amendoim (em casca)	25
Algodão herbáceo (em caroço)	23
Arroz (em casca)	12
Lavoura permanente	**547**
Manga	285
Limão	98
Café (em coco)	69
Banana	43
Laranja	40
Borracha (látex coagulado)	12

Fonte: IBGE – Produção Agrícola Municipal.
Nota: Dados organizados por valor da produção em ordem decrescente.

Considerando as informações e a análise realizada, verifica-se, ainda, a predominância do emprego urbano, sobretudo no setor de serviços, que empregava 19.353 pessoas em 2000. Nesse ano, a média salarial do município foi 4,68 salários mínimos. Dentre as cidades que possuem *campus* da UNESP, Presidente Prudente ocupava a oitava posição em termos de remuneração média.

Município de Rio Claro

O município de Rio Claro possuía uma população total de 168 mil habitantes em 2000, e uma PEA representando 67,6% desse total, ou seja, 113.582 pessoas. A população feminina, maioria da PEA, detinha 50,7% do total.

Os dados da RAIS mostram que havia 34.689 pessoas registradas no setor formal da economia de Rio Claro em 2000, com a população ocupada representando 30,5% da PEA do município nesse ano. Os homens detinham a maior parte dos postos de trabalho, com total de 22.736 empregados, o número de mulheres empregadas era de 11.953. Assim, a população ocupada estava dividida entre 65,5% de empregados do sexo masculino e 34,5% do sexo feminino. Portanto, embora as mulheres sejam a maioria da PEA, possuem uma participação menor do que os homens na população ocupada, confirmando a dificuldade de inserção do sexo feminino no mercado de trabalho.

A maioria dos postos de trabalho estava registrada no setor da indústria do município, com um total de 13.696 empregados, representando 39,5% da população ocupada. Entre os demais setores, o maior número de empregados estava em serviços e no comércio, com 36,7% e 16,3%, respectivamente. A agropecuária era o setor com menor número de empregados, com apenas 3,3% do setor formal da economia. Os homens possuíam maior participação em todos os grandes setores de atividade econômica. A distribuição mais desigual ocorria na construção civil, no qual, as mulheres possuíam uma participação de 7,8%. Em contrapartida, o setor de serviços apresentava a divisão mais equilibrada. Nele, a participação das mulheres era de 48,8%. Na Tabela 2.56 obser-

Tabela 2.56 – Número de empregados por setor de atividade econômica em 2000 segundo o sexo

Setores	Masculino	Feminino	Total
Indústria	10.795	2.901	13.696
Construção civil	1.336	113	1.449
Comércio	3.205	2.461	5.666
Serviços	6.513	6.206	12.719
Agropecuária, extração vegetal, caça e pesca	887	272	1.159
Total	**22.736**	**11.953**	**34.689**

Fonte: RAIS/2000.

va-se o número de empregados em cada setor, segundo a divisão entre empregados por gênero.

A desagregação do setor industrial mostra que os maiores empregadores eram a indústria química de produtos farmacêuticos, veterinários, perfumaria, e a de produtos alimentícios, bebidas e álcool etílico.

O setor formal da economia de Rio Claro produziu uma massa salarial total de 179.828,97 salários mínimos em 2000. A média salarial atingiu 5,18 salários mínimos nesse ano. O setor da indústria apresentava a maior média salarial do município, com uma remuneração de 5,94 salários mínimos por empregado, e também a maior massa salarial, uma vez que 45,3% da renda do setor formal da economia eram gerados nesse setor. Em contrapartida, o comércio apresentava a menor média salarial (2,99 salários mínimos) e a agropecuária a menor massa salarial (2,6% do total). A situação salarial em cada setor do município de Rio Claro encontra-se na Tabela 2.57.

Tabela 2.57 – Massa e média salariais de Rio Claro por setores de atividade econômica em 2000

	Massa salarial	Média salarial
	Em salários mínimos	
Indústria	81.397,58	5,94
Construção civil	6.533,03	4,51
Comércio	16.963,30	2,99
Serviços	70.329,67	5,53
Agropecuária	4.605,39	3,97
Outros/Ign	0,00	0,00
Total	**179.828,97**	**5,18**

Fonte: RAIS/2000.

Os dados apresentados mostram uma grande disparidade na média salarial de empregados com diferentes graus de instrução, confirmando a tendência de aumento no salário à medida que se possui maior escolaridade. A comparação da média salarial total com a média salarial de empregados com curso superior incompleto ou completo confirma essa diferença. Os empregados com essa qualificação apresentavam uma média salarial de 12,70 salários mínimos, o que correspondia a 2,4 vezes a remuneração média do setor formal da economia do município. Em relação aos empregados analfabetos, a diferença era ainda mais significativa. Nesse caso, os empregados com maior qualificação possuíam uma remuneração 2,7 vezes maior. A desigualdade também pode ser avaliada pela participação dos empregados com curso superior completo ou incompleto no total de empregados e na massa salarial total. Os empregados com maior escolaridade representavam 12,9% do total, mas a sua participação na massa salarial total atingia 31,6%. A maioria dos empregados possuía a 8ª série completa. O número de empregados com essa qualificação era de 8.355, constituindo 24,1% da população ocupada. A média salarial desses empregados foi 3,74 salários mínimos. A Tabela 2.58 exibe o número de empregados de acordo com o grau de escolaridade, acompanhado das respectivas massa e média salariais de cada faixa.

De acordo com informações do Seade, o município de Rio Claro recebeu investimentos de US$ 32,18 milhões em 2001. Os investimentos destinaram-se predominantemente à implantação e ampliação das empresas. A análise das principais empresas investidoras mostra uma diversificação quanto ao setor de

Tabela 2.58 – Situação salarial de acordo com o grau de escolaridade

	Empregados	Massa salarial	Média salarial
		Em salários mínimos	
Analfabeto	314	1.471,41	4,69
4º série incompleta	1.270	4.482,80	3,53
4º série completa	3.912	14.885,75	3,81
8º série incompleta	4.161	15.119,38	3,63
8º série completa	8.355	31.275,73	3,74
2º grau incompleto	3.861	13.742,07	3,56
2º grau completo	8.341	42.010,82	5,04
Superior incompleto	988	8.337,25	8,44
Superior completo	3.487	48.503,76	13,91
Total	**34.689**	**179.828,97**	**5,18**

Fonte: RAIS/2000.

Tabela 2.59 – Os oito principais investimentos realizados em Rio Claro no ano de 2001

Empresa	Setor de atividade	Tipo	Valor (Em US$ milhões)
Horizon Cablevision	Telecomunicações	Ampliação	12,94
Ápia Condomínio	Atividades imobiliárias	Implantação	10,00
Uniroyal	Produtos químicos	Implantação	3,29
Cerâmica Millenium	Minerais não-metálicos	Implantação	2,28
Construtora Moraes	Atividades imobiliárias	Implantação	1,82
Ápia	Com. e rep. automotores e varejo de combustíveis	Implantação	1,50
Habib's/Rio Claro	Alojamento e alimentação	Implantação	0,20
Agroceres/Inaexpo/Inaceres	Agropecuária e pesca	Implantação	0,15

Fonte: Fundação Seade; Secretaria de Ciência, Tecnologia e Desenvolvimento Econômico.

atividade, listados conforme a CNAE do IBGE. Porém, uma característica em comum é a origem da empresa, quase todas brasileiras. O primeiro lugar é ocupado pela Horizon Cablevision, que atua no setor de Telecomunicações, com investimento total de US$ 12,94 milhões, ou 40,2% do total investido em Rio Claro. A Tabela 2.59 destaca os oito maiores investimentos realizados no município em 2001.

Dentre as empresas listadas, apenas a Agroceres/Inaexpo/Inaceres e a Uniroyal possuem origem estrangeira (brasileiro-equatoriana e norte-americana, respectivamente).

Em termos de produção agrícola há o predomínio das culturas agrícolas temporárias. Em 2000, a produção de lavouras desse tipo somou R$ 18,4 milhões. Nesse ano, a principal lavoura temporária do município foi a de cana-de-açúcar, cujo valor da produção alcançou R$ 17,2 milhões. Dentre as lavouras permanentes, a maior produção foi a de laranja, com R$ 2,1 milhões no período. Os dados referentes ao valor da produção de lavouras temporárias e permanentes no ano de 2000 encontram-se na Tabela 2.60.

Considerando as informações e a análise realizada, verifica-se, ainda, a predominância do emprego urbano, sobretudo no setor da indústria, que empregava 13.696 pessoas em 2000. Nesse ano, a média salarial do município foi de 5,18 salários mínimos. Dentre as cidades que possuem *campus* da UNESP, Rio Claro contava com a terceira melhor remuneração média.

Tabela 2.60 – Valor da produção agrícola de lavouras temporárias e permanentes em Rio Claro em 2000

Lavoura temporária	Em mil reais
Cana-de-açúcar	17.287
Milho (em grão)	832
Arroz (em casca)	91
Mandioca	90
Algodão herbáceo (em caroço)	51
Soja (em grão)	31
Feijão (em grão)	20
Lavoura permanente	
Laranja	2.192
Limão	684
Tangerina	616
Borracha (látex coagulado)	311
Abacate	164
Café (em coco)	139
Banana	58
Manga	27

Fonte: IBGE – Produção Agrícola Municipal.
Nota: Dados organizados por valor da produção em ordem decrescente.

Município de São José do Rio Preto

O município de São José do Rio Preto possuía uma população total de 358 mil habitantes em 2000, e uma PEA representando 70% desse total, ou seja, 250.500 pessoas. A população feminina, maioria da PEA, detinha 51,9% do total.

Os dados da RAIS mostram que havia 67.872 pessoas registradas no setor formal da economia de São José do Rio Preto em 2000, com a população ocupada representando 27,1% da PEA do município nesse ano. Os homens ocupavam a maior parte dos postos de trabalho, com um total de 41.590 empregados, enquanto o número de mulheres empregadas era de 26.282. Assim, a população ocupada estava dividida entre 61,3% de empregados do sexo masculino e 38,7% do sexo feminino. Portanto, embora as mulheres sejam a maioria da PEA, possuem uma participação menor do que os homens na população ocupada, confirmando a dificuldade de inserção do sexo feminino no mercado de trabalho.

A maioria dos postos de trabalho estava registrada no setor de serviços do município, com um total de 31.664 empregados, representando 46,7% da população ocupada. Entre os demais setores, o maior número de empregados estava no comércio e na indústria, com 27,5% e 18,9%, respectivamente. A agropecuária, o setor com menor número de empregados, representava 1,1% do setor formal da economia. Os homens possuíam maior participação em todos os grandes setores de atividade econômica, exceto no setor de serviços, no qual as mulheres representavam 50,3%. Nos demais setores a distribuição é bastante desigual, sendo a maior delas no da construção civil, no qual as mulheres possuíam uma participação de 8,3%. Na Tabela 2.61 observa-se o número de empregados em cada setor, segundo a divisão entre empregados por gênero.

A desagregação do setor industrial mostra que os maiores empregadores eram a indústria metalúrgica e a da madeira e do mobiliário.

Tabela 2.61 – Número de empregados por setor de atividade econômica em 2000 segundo o sexo

Setores	Masculino	Feminino	Total
Indústria	9.678	3.154	12.832
Construção civil	3.654	330	3.984
Comércio	11.877	6.770	18.647
Serviços	15.726	15.938	31.664
Agropecuária, extração vegetal, caça e pesca	655	90	745
Total	**41.590**	**26.282**	**67.872**

Fonte: RAIS/2000.

O setor formal da economia de São José do Rio Preto produziu uma massa salarial total de 316.885,83 salários mínimos em 2000. A média salarial atingiu 4,67 salários mínimos nesse ano. O setor de serviços apresentava a maior média salarial do município, com uma remuneração de 6,01 salários mínimos por empregado, e também a maior massa salarial, uma vez que 60% da renda do setor formal da economia eram gerados nesse setor. Em contrapartida, o comércio apresenta a menor média salarial (3,40 salários mínimos) e a agropecuária a menor massa salarial (1% do total). A situação salarial em cada setor do município de São José do Rio Preto encontra-se na Tabela 2.62.

Tabela 2.62 – Massa e média salariais de São José do Rio Preto por setores de atividade econômica em 2000

	Massa salarial	Média salarial
	Em salários mínimos	
Indústria	44.471,17	3,47
Construção civil	15.610,94	3,92
Comércio	63.378,56	3,40
Serviços	190.191,26	6,01
Agropecuária	3.233,90	4,34
Outros/Ign	0,00	0,00
Total	**316.885,83**	**4,67**

Fonte: RAIS/2000.

Os dados apresentados mostram uma grande disparidade na média salarial de empregados com diferentes graus de instrução, confirmando a tendência de aumento no salário à medida que se possui maior escolaridade. A comparação da média salarial total com a média salarial de empregados com curso superior incompleto ou completo confirma essa diferença. Os empregados com a qualificação destacada apresentavam uma média salarial de 9,58 salários mínimos, o que correspondia a 2,1 vezes a remuneração média do setor formal da economia do município. Em relação aos empregados analfabetos, a diferença era ainda mais significativa. Nesse caso, os empregados com maior qualificação possuíam uma remuneração 2,3 vezes maior. A desigualdade também pode ser avaliada pela participação dos empregados com curso superior completo ou incompleto no total de empregados e na massa salarial total. Os empregados com maior escolaridade representavam 16,4% do total, mas a sua participação na massa salarial total atingia 33,7%. A maioria dos empregados possuía o 2º grau completo. O número de empregados com essa qualificação era de 17.527, constituindo 25,8% da população ocupada. A média salarial desses empregados era de 4,46 salários mínimos, próxima da remuneração média do município. A Tabela 2.63 exibe o número de empregados de acordo com o grau de escolaridade, acompanhado das respectivas massa e média salariais de cada faixa.

Tabela 2.63 – Situação salarial de acordo com o grau de escolaridade

	Empregados	Massa salarial	Média salarial
		Em salários mínimos	
Analfabeto	375	1.532,16	4,09
4ª série incompleta	2.206	7.451,31	3,38
4ª série completa	6.040	21.801,80	3,61
8ª série incompleta	9.446	31.145,73	3,3
8ª série completa	14.218	46.729,99	3,29
2º grau incompleto	6.904	23.241,31	3,37
2º grau completo	17.527	78.109,69	4,46
Superior incompleto	2.943	20.489,29	6,96
Superior completo	8.215	86.389,02	10,52
Total	**67.874**	**316.890,30**	**4,67**

Fonte: RAIS/2000.

De acordo com informações do Seade, o município de São José do Rio Preto recebeu investimentos de US$ 3 milhões em 2001. Os investimentos destinaram-se predominantemente à implantação, modernização e ampliação das empresas. A análise das principais empresas investidoras mostra uma diversificação quanto ao setor de atividade, listados conforme a CNAE do IBGE. Porém, uma característica em comum é a origem da empresa, quase todas brasileiras. O primeiro lugar é ocupado pela Citroën-São José do Rio Preto/ Lumière,

Tabela 2.64 – Os dez principais investimentos realizados em São José do Rio Preto no ano de 2001

Empresa	Setor de atividade	Tipo	Valor (Em US$ milhões)
Citroën – São José do Rio Preto/Lumière	Com. e rep. automotores e varejo de combustíveis	Implantação	1,00
Champion – São José do Rio Preto	Varejo e reparação de objetos	Implantação	0,99
Bionatus	Produtos farmacêuticos	Ampliação	0,24
Phoenix	Atividades recreativas, culturais e desportivas	Implantação	0,17
BR Distribuidora/Makro – São José do Rio Preto	Com. e rep. automotores e varejo de combust.	Implantação	0,16
Livraria Planalto	Varejo e reparação de objetos	Ampliação	0,09
Doca Som	Com. e rep. automotores e varejo de combustíveis	Implantação	0,08
Qualittá Lavanderia/ São José do Rio Preto	Ativ. juríd., cont. e de asses. empresarial	Implantação	0,08
Calçados Mr. Cat/ São José do Rio Preto	Varejo e reparação de objetos	Implantação	0,06
Zappa's	Alojamento e alimentação	Ampliação	0,05

Fonte: Fundação Seade; Secretaria de Ciência, Tecnologia e Desenvolvimento Econômico.

que atua no setor de com. e rep. automotores e varejo de combustíveis, com investimento total de US$ 1 milhão, ou 33,3% do total investido em São José do Rio Preto. A Tabela 2.64 destaca os dez maiores investimentos realizados no município em 2001.

Dentre as empresas listadas, apenas a Champion – São José do Rio Preto é de origem estrangeira (francesa).

Em termos de produção agrícola há o predomínio das culturas agrícolas permanentes. Em 2000, a produção de lavouras desse tipo somou R$ 2,7 milhões. Nesse ano, a principal lavoura permanente do município foi a de laranja, cuja produção alcançou R$ 1,5 milhão. Dentre as lavouras temporárias, a maior produção foi a de milho com R$ 0,5 milhão no período. Os dados referentes ao valor da produção de lavouras temporárias e permanentes no ano de 2000 encontram-se na Tabela 2.65.

Tabela 2.65 – Valor da produção agrícola de lavouras temporárias e permanentes em São José do Rio Preto em 2000

Lavoura temporária	Em mil reais
Laranja	1.571
Café (em coco)	297
Manga	230
Tangerina	219
Uva	200
Borracha (látex coagulado)	72
Coco-da-baía	61
Goiaba	29
Lavoura permanente	
Milho (em grão)	516
Cana-de-açúcar	173
Mandioca	138
Tomate	69
Arroz (em casca)	52

Fonte: IBGE – Produção Agrícola Municipal.
Nota: Dados organizados por valor da produção em ordem decrescente.

Considerando as informações e a análise realizada, verifica-se, ainda, a predominância do emprego urbano, sobretudo no setor de serviços, que empregava 31.664 pessoas em 2000. Nesse ano, a média salarial do município foi de 4,67 salários mínimos. Dentre as cidades que possuem *campus* da UNESP, São José do Rio Preto ocupava a nona colocação em termos de remuneração média.

Município de São José dos Campos

O município de São José dos Campos possuía uma população total de 539 mil habitantes em 2000, e a PEA representando 68,1% desse total, ou seja, 367.220 pessoas. A população feminina, maioria da PEA, detinha 50,7% do total.

Os dados da RAIS mostram que havia 116.615 pessoas registradas no setor formal da economia de São José dos Campos em 2000, com a população ocupada representando 31,8% da PEA do município nesse ano. Os homens detinham a maior parte dos postos de trabalho, com um total de 80.101 empregados, enquanto o número de empregadas mulheres era de 36.514. Assim, a população ocupada estava dividida entre 68,7% de empregados do sexo masculino e 31,3% do sexo feminino. Portanto, embora as mulheres sejam a maioria da PEA, possuem uma participação menor do que os homens na população ocupada, confirmando a dificuldade de inserção do sexo feminino no mercado de trabalho.

A maioria dos postos de trabalho estava registrada no setor de serviços do município, com um total de 47.145 empregados, representando 40,4% da população ocupada. Entre os demais setores, o maior número de empregados estava na indústria e no comércio, com 36,8% e 18,1%, respectivamente. A agropecuária era o setor com menor número de empregados, com apenas 0,7% do setor formal da economia. Os homens possuíam maior participação em todos os grandes setores de atividade econômica. A distribuição mais desigual ocorria no setor da construção civil, no qual as mulheres possuíam uma participação de 6,2%. Em contrapartida, o setor de serviços apresentava a divisão mais equilibrada. Nele, a participação das mulheres era de 43,2%. Na Tabela 2.66 observa-se o número de empregados em cada setor, segundo a divisão entre empregados por gênero.

A desagregação do setor industrial mostra que os maiores empregadores eram a indústria de material de transporte e a de material elétrico e de comunicações.

O setor formal da economia de São José dos Campos produziu uma massa salarial total de 882.088,71 salários mínimos em 2000. A média salarial atingiu 7,56 salários mínimos nesse ano. O setor da indústria apresentava a maior média salarial do município, com uma remuneração de 11,60 salários mínimos por empregado, e também a maior massa salarial, uma vez que 56,5% da renda do setor formal da economia eram gerados nesse setor. A agropecuária é o destaque negativo, pois apresentava a menor massa e média salariais do município. A situação salarial em cada setor do município de São José dos Campos encontra-se registrada na Tabela 2.67.

Os dados apresentados mostram uma grande disparidade na média salarial de empregados com diferentes graus de instrução, confirmando a tendên-

Tabela 2.66 – Número de empregados por setor de atividade econômica em 2000 segundo o sexo

Setores	Masculino	Feminino	Total
Indústria	35.212	7.723	42.935
Construção civil	4.282	282	4.564
Comércio	13.160	8.004	21.164
Serviços	26.756	20.389	47.145
Agropecuária, extração vegetal, caça e pesca	691	116	807
Total	**80.101**	**36.514**	**116.615**

Fonte: RAIS/2000.

Tabela 2.67 – Massa e média salariais de São José dos Campos por setores de atividade econômica em 2000

	Massa salarial	Média salarial
	Em salários mínimos	
Indústria	498.179,38	11,60
Construção civil	17.515,89	3,84
Comércio	73.175,88	3,46
Serviços	291.793,43	6,19
Agropecuária	1.424,13	1,76
Outros/Ign	0,00	0,00
Total	**882.088,71**	**7,56**

Fonte: RAIS/2000.

cia de aumento no salário à medida que se possui maior escolaridade. A comparação da média salarial total com a média salarial de empregados com curso superior incompleto ou completo confirma essa diferença. Os empregados com essa qualificação apresentavam uma média salarial de 16,54 salários mínimos, correspondendo a 2,2 vezes a remuneração média do setor formal da economia do município. A desigualdade entre os empregados com curso superior incompleto ou completo e os demais empregados também pode ser avaliada pela sua participação no total de empregados e na massa salarial total. Os empregados com maior escolaridade representavam 15% do total, mas a sua participação na massa salarial total atingia 32,7%. A maioria dos empregados possuía o 2º grau completo. O número de empregados com essa qualificação era de 37.842, constituindo 32,4% da população ocupada. A média salarial desses empregados foi de 7,33 salários mínimos, próxima da remuneração média do município. A Tabela 2.68 exibe o número de empregados de acordo com o grau de escolaridade, acompanhado das respectivas massa e média salariais de cada faixa.

Tabela 2.68 – Situação salarial de acordo com o grau de escolaridade

	Empregados	Massa salarial	Média salarial
		Em salários mínimos	
Analfabeto	2.307	25.803,26	11,18
4ª série incompleta	3.660	15.937,08	4,35
4ª série completa	6.753	38.204,85	5,66
8ª série incompleta	15.527	75.861,87	4,89
8ª série completa	21.762	99.008,09	4,55
2º grau incompleto	11.312	61.380,22	5,43
2º grau completo	37.842	277.290,25	7,33
Superior incompleto	5.037	52.830,67	10,49
Superior completo	12.417	235.804,45	18,99
Total	**116.617**	**882.120,74**	**7,56**

Fonte: RAIS/2000.

De acordo com informações do Seade, o município de São José dos Campos recebeu investimentos de US$ 926,63 milhões em 2001. Os investimentos destinaram-se predominantemente à implantação, modernização e ampliação das empresas. A análise das principais empresas investidoras mostra uma di-

Tabela 2.69 – Os dez principais investimentos realizados em São José dos Campos no ano de 2001

Empresa	Setor de atividade	Tipo	Valor (Em US$ milhões)
Petrobras/Revap	Refino de petróleo e álcool	Modernização	440,00
Nextel/São José dos Campos	Telecomunicações	Ampliação	360,00
MTU Aero Engines	Outros equip. de transporte	Implantação	20
Johnson & Johnson	Produtos químicos	Modernização	18
Grupo Mollificio	Automotiva	Modernização	17
Santa Casa de São José	Saúde e serviços sociais	Implantação	6,37
Canbrás/614 TVH Vale	Telecomunicações	Ampliação	6,31
Embraer	Educação	Implantação	5,8
Bidim	Produtos químicos	Ampliação	5,47
Embraer	Eletricidade, gás e água quente	Modernização	5,44

Fonte: Fundação Seade; Secretaria de Ciência, Tecnologia e Desenvolvimento Econômico.

versificação quanto ao setor de atividade, listados conforme a CNAE do IBGE. A grande maioria das empresas investidoras é de nacionalidade brasileira, porém entre as dez maiores investidoras há predomínio de empresas estrangeiras. O primeiro lugar é ocupado pela Petrobras/Revap, que atua no setor de refino de petróleo e álcool, com investimento total de US$ 440,00 milhões, ou 47,5% do total investido em São José dos Campos. A Tabela 2.69 destaca os dez maiores investimentos realizados no município em 2001.

A Embraer aparece mais de uma vez na lista, pois realizou investimentos em setores de atividades diferentes.

Em termos de produção agrícola há o predomínio das culturas agrícolas temporárias. Em 2000, a produção de lavouras desse tipo somou R$ 1,3 milhão. Nesse ano, a principal lavoura temporária do município foi a do milho, com uma produção no valor de R$ 0,7 milhão. Dentre as lavouras permanentes, a maior produção foi a de banana com R$ 0,1 milhão no período. Os dados referentes ao valor da produção de lavouras temporárias e permanentes no ano de 2000 encontram-se na Tabela 2.70.

Tabela 2.70 – Valor da produção agrícola de lavouras temporárias e permanentes em São José dos Campos em 2000

Lavoura temporária	Em mil reais
Milho (em grão)	774
Arroz (em casca)	234
Feijão (em grão)	196
Mandioca	99
Lavoura permanente	
Banana	123
Café (em coco)	59
Laranja	45
Uva	17
Tangerina	7
Limão	5

Fonte: IBGE – Produção Agrícola Municipal.
Nota: Dados organizados por valor da produção em ordem decrescente.

Considerando as informações e a análise realizada, verifica-se, ainda, a predominância do emprego urbano, sobretudo no setor de serviços, que empregava 47.145 pessoas em 2000. Nesse ano, a média salarial do município foi de 7,56 salários mínimos. Dentre as cidades que possuem *campus* da UNESP, São José dos Campos contava com a melhor remuneração média.

3
A UNESP como fator de dinamismo econômico para os municípios

José Murari Bovo

Impactos econômicos e financeiros

Nascida como parte integrante do processo de diversificação política, econômica e cultural do interior paulista, e integrando-se progressivamente na vida das cidades pelo desenvolvimento das atividades de ensino, pesquisa e prestação de serviços à comunidade e por seu engajamento no processo de descentralização das políticas públicas, a UNESP contribui de forma significativa para o dinamismo das economias das cidades onde seus *campi* estão instalados.

A movimentação de recursos financeiros mediante o pagamento dos salários de professores e de funcionários; os investimentos em obras e equipamentos; as demais despesas de custeio; os gastos dos alunos oriundos de outras cidades cujo montante aumenta à medida que novos cursos são criados e novas vagas são abertas nos já existentes constituem um conjunto de fatores que exercem um efeito dinâmico e multiplicador sobre as atividades econômicas locais. Assim, ao processo de formação e aperfeiçoamento de profissionais, de diversificação e qualificação do ensino e das atividades culturais das cidades do interior paulista onde as unidades da UNESP estão instaladas agregam-se os efeitos econômico-financeiros resultantes dos dispêndios necessários ao seu funcionamento.

Nos últimos anos, estes efeitos ampliaram-se, com a obtenção da autonomia financeira das universidades públicas paulistas, resultante do Decreto-lei nº 29.598/89. De acordo com o disposto nesse decreto, a UNESP, a USP e a Unicamp passaram a ter direito a um percentual na arrecadação do ICMS do Estado. Esse percentual, que em 1989 era de 8,4%, em 1992 aumentou para 9%, e em 1995 para 9,57%. Se, de um lado, o aumento dos recursos permitiu que as universidades aprofundassem sua inserção social mediante a melhoria da qualidade de suas atividades fins, de outro, fez que ampliasse sua importância como fonte de dinamismo para as economias das cidades onde elas estão localizadas. No caso da UNESP, os dados levantados na pesquisa realizada em 1996 permitiram conhecer os impactos para as economias locais do fluxo de seus recursos financeiros que, até aquele momento, pouco se sabia sobre eles.

Da mesma forma que na primeira pesquisa, a análise dos dados será realizada tomando como referência o conjunto dos *campi* e dos municípios onde eles se encontram localizados. Apenas quando necessário, os resultados de alguns *campi* serão destacados isoladamente em razão da sua relevância e do seu significado para os objetivos do trabalho. Evidentemente, o tratamento conjunto implica a desconsideração das diversidades existentes entre os *campi* quanto ao número de alunos, de servidores e de cursos; ao grau de complexidade das instalações e dos equipamentos necessários ao funcionamento dos cursos; ao montante de recursos orçamentários; e, entre os municípios, no que se refere ao número de habitantes; à complexidade da estrutura produtiva; ao valor das receitas arrecadadas etc. Quando esses indicadores são tomados para o conjunto dos *campi* ou em seus valores médios, desaparecem as distinções entre os *campi* complexos[1] como Botucatu (onde estão instalados a Faculdade de Medicina e o Hospital Universitário) e os *campi* menos complexos, como o de São José dos Campos, que, relativamente aos demais, movimenta a menor quantidade de recursos orçamentários. Para ilustrar essa questão tome-se o mesmo município de São José dos Campos, onde a unidade universitária da UNESP conta com um único curso – Odontologia. No entanto, é o maior dentre os quatorze municípios do interior do Estado onde existem *campi* da UNESP. Como poderá ser observado pelos dados apresentados a seguir, os impactos econômicos e financeiros da existência do curso de Odontologia são pouco expressivos em razão da grandeza da estrutura produtiva do município.

1 O conceito de *campus* complexo refere-se às unidades que possuem várias faculdades ou institutos.

Mesmo reconhecendo os prejuízos decorrentes desse tipo de análise, os dados foram considerados em seus valores totais, uma vez que a análise específica para cada *Campus* ultrapassava os objetivos inicialmente traçados. Porém, isso não impede o conhecimento dos impactos econômicos de cada um deles para os municípios onde se localizam, pois a forma como os dados são apresentados permite apreendê-los.[2]

Os valores referentes ao total dos recursos movimentados no ano de 2001 pelas faculdades e institutos que compõem os *campi* da UNESP estão na Tabela 3.1. Dado que 86,73% desses recursos são provenientes do ICMS, a arrecadação tributária do município constitui um importante parâmetro comparativo para avaliar sua importância. Com este objetivo, na Tabela 3.2, são apresentados os valores de algumas categorias da receita dos municípios onde existem unidades da UNESP, assim como o montante do ICMS arrecadado.

As comparações entre a arrecadação municipal e os recursos da UNESP encontram-se nas Tabelas 3.3 e 3.4. Na Tabela 3.3, observa-se que, para o conjunto dos *campi*, o total dos recursos da UNESP provenientes do ICMS representou 36,56% do valor do ICMS recolhido pelas empresas dos municípios aos cofres do governo estadual (coluna E), enquanto a cota-parte dos municípios[3] representou 49,13% deste valor (coluna D). Dessa forma, do total do ICMS arrecadado no município (coluna A), 85,69% retornam por meio da UNESP e da cota-parte dos municípios (coluna F). Isso significa que, sem a presença da UNESP, 36,56% – correspondente a um valor de quase R$ 497 milhões (coluna C) – não teriam retornado aos quatorze municípios. Além disso, do total do ICMS que retornou para essas cidades por intermédio da Universidade (ICMS-UNESP) e dos municípios (cota-parte), cujo montante foi de R$ 1.165 milhão (colunas B+C), 42,67% desse total decorreram da existência da UNESP. Se esses municípios, no seu conjunto, dependessem somente da cota-parte municipal do ICMS, um montante correspondente a 49% do ICMS arrecadado (coluna D) teria retornado, ou seja, R$ 667 milhões de um total de R$ 1.359 milhão.

2 As tabelas e gráficos com os dados de cada *campus* encontram-se no corpo do trabalho e nos anexos.

3 A cota-parte do ICMS refere-se à parcela pertencente aos municípios do produto da arrecadação desse imposto, que é de competência estadual. A participação de cada município no produto de sua arrecadação é calculada com base em um índice composto a partir dos seguintes critérios: (1) 76%, com base no valor adicionado gerado em cada município; (2) 13%, com base na população; (3) 5%, com base na receita tributária própria; (4) 3%, com base na área cultivada; (5) 0,5%, com base na área alagada; (6) 0,5%, em função de áreas de proteção ambiental; e, (7) 2%, divididos igualmente entre os municípios. Esses critérios de participação vigoram no Estado de São Paulo. Cada Estado da federação tem autonomia para defini-los conforme decisão de suas respectivas assembléias legislativas.

Tabela 3.1 – UNESP – Recursos financeiros movimentados – 2001 – R$

CAMPUS	RECURSOS PROVENIENTES DO ICMS				RECURSOS NÃO-PROVENIENTES DO ICMS					%	
	Despesa de pessoal	Outras despesas de custeio	Investimento	Subtotal (A)	Receitas próprias	Receitas de convênios	Fundações[1]	Subtotal (B)	TOTAL (C) = A+B	(A/C)	(B/C)
Araçatuba	21.414.634,33	697.446,34	1.267.039,25	23.379.119,92	722.534,65	210.884,31	-	933.418,96	24.312.538,88	96,16	3,84
Araraquara	64.824.492,76	2.710.495,51	3.558.807,61	71.093.795,88	2.194.164,40	1.161.530,45	3.356.748,00	6.712.442,85	77.806.238,73	91,37	8,63
Assis	20.712.846,20	439.961,66	458.719,13	21.611.526,99	580.090,07	n/i	549.974,58	1.130.064,65	22.741.591,64	95,03	4,97
Bauru	33.890.689,03	495.638,30	1.843.268,06	36.229.595,39	385.527,55	983.606,20	-	1.369.133,75	37.598.729,14	96,36	3,64
Botucatu	130.938.523,47	2.178.866,00	4.509.777,22	137.627.166,69	1.382.679,24	44.058.906,19	3.371.359,00	48.812.944,43	186.440.111,12	73,82	26,18
Franca	11.622.841,91	470.056,76	511.051,54	12.603.950,21	306.648,08	214.172,84	-	520.820,92	13.124.771,13	96,03	3,97
Guaratinguetá	17.354.504,89	280.403,20	422.921,56	18.057.829,65	260.689,00	257.252,29	425.302,00	943.243,29	19.001.072,94	95,04	4,96
Ilha Solteira	19.161.323,45	725.180,84	1.374.547,36	21.261.051,65	604.519,48	1.658.159,20	478.520,16	2.741.198,84	24.002.250,49	88,58	11,42
Jaboticabal	39.500.653,90	1.428.833,28	1.530.194,17	42.459.681,35	949.500,00	828.700,00	3.256.450,49	5.034.650,49	47.494.331,84	89,40	10,60
Marília	17.449.330,85	433.596,69	380.117,82	18.263.045,36	122.573,59	82.033,24	55.144,00	259.750,83	18.522.796,19	98,60	1,40
Presidente Prudente	17.271.873,48	442.777,50	1.729.647,75	19.444.298,73	97.302,75	195.403,73	842.988,95	1.135.695,43	20.579.994,16	94,48	5,52
Rio Claro	34.346.154,20	1.245.878,83	1.493.822,61	37.085.855,64	785.049,90	4.722.804,56	3.500,00	5.511.354,46	42.597.210,10	87,06	12,94
São José do Rio Preto	24.209.129,44	739.391,87	583.324,44	25.531.845,75	334.481,42	311.391,43	-	645.872,85	26.177.718,60	97,53	2,47
São José dos Campos	11.650.630,97	210.792,36	374.794,65	12.236.217,98	258.986,01	44.316,00	-	303.302,01	12.539.519,99	97,58	2,42
Total	464.347.628,89	12.499.319,14	20.038.033,17	496.884.981,20	8.984.746,14	54.729.160,44	12.339.987,18	76.053.893,76	572.938.874,96	86,73	13,27

Fonte: Assessoria de Orçamento e Planejamento (Aplo) – Reitoria – UNESP

n/i Não informado

(1) Os valores desta coluna referem-se às despesas realizadas pelas Fundações existentes em algumas unidades universitárias da UNESP. Como o objetivo da pesquisa é medir o impacto dos recursos financeiros movimentados, pressupõe-se que estes valores gastos no ano de 2001 são iguais às receitas obtidas no mesmo exercício.

Tabela 3.2 – Arrecadação municipal – 2001 – Em R$

Municípios	Receita total	Receita tributária própria	Cota-parte do ICMS	Fundo de participação dos municípios	IPVA*	ICMS arrecadado**
Araçatuba	131.000.000,00	52.400.000,00	29.000.000,00	13.500.000,00	6.500.000,00	23.918.712,19
Araraquara	127.651.543,34	26.587.044,86	43.036.709,47	13.100.459,65	7.365.869,50	64.005.228,00
Assis	52.071.746,33	8.595.718,14	10.153.525,38	7.256.076,51	2.766.902,34	8.331.486,17
Bauru	137.696.272,57	32.864.675,24	48.480.143,71	13.100.256,91	13.839.546,63	76.112.299,12
Botucatu	57.668.361,79	16.363.526,75	18.224.351,54	6.636.985,08	3.785.926,75	26.640.921,02
Franca	132.000.000,00	24.191.500,00	28.409.028,73	11.135.192,00	10.100.000,00	108.706.178,95
Guaratinguetá	65.900.000,00	10.166.494,00	16.586.796,00	7.805.955,66	3.077.959,00	44.346.193,00
Ilha Solteira	34.101.691,80	975.378,43	21.595.926,06	3.359.175,31	681.607,54	663.369,00
Jaboticabal	41.435.775,70	7.606.229,93	14.538.141,18	6.188.813,66	2.446.271,30	18.608.783,13
Marília	133.028.373,11	29.847.182,22	29.670.371,42	13.100.459,76	6.756.975,74	73.366.704,23
Presidente Prudente	103.517.880,98	25.481.863,92	27.277.799,71	12.789.025,46	7.470.983,15	40.307.253,60
Rio Claro	104.701.941,64	36.762.235,88	38.241.071,48	13.597.720,99	6.972.554,87	134.789.458,00
São José do Rio Preto	225.748.925,69	49.672.759,44	50.078.571,46	13.100.459,64	16.745.934,73	90.682.052,00
São José dos Campos	551.915.849,81	90.800.153,80	292.329.707,38	13.100.459,64	21.163.884,93	648.480.251,53
Total	**1.898.438.362,76**	**412.314.762,61**	**667.622.143,52**	**147.771.040,27**	**109.674.416,48**	**1.358.958.889,94**

Fonte: Execução Orçamentária – Prefeituras municipais.
* Imposto sobre a Propriedade de Veículos Automotores.
** Montante do ICMS arrecadado nos municípios.

Tabela 3.3 – Comparações entre o ICMS municipal e o ICMS da UNESP – 2001 – R$

Municípios	ICMS arrecadado** (A)	Cota-parte do ICMS dos municípios (B)	UNESP-ICMS** (C)	(D) = B/A	(E) = C/A	(F) = D+E
Araçatuba	23.918.712,19	29.000.000,00	23.379.119,92	121,24	97,74	218,99
Araraquara	64.005.228,00	43.036.709,47	71.093.795,88	67,24	111,07	178,31
Assis	8.331.486,17	10.153.525,38	21.611.526,99	121,87	259,40	381,27
Bauru	76.112.299,12	48.480.143,71	36.229.595,39	63,70	47,60	111,30
Botucatu	26.640.921,02	18.224.351,54	137.627.166,69	68,41	516,60	585,01
Franca	108.706.178,95	28.409.028,73	12.603.950,21	26,13	11,59	37,73
Guaratinguetá	44.346.193,00	16.586.796,00	18.057.829,65	37,40	40,72	78,12
Ilha Solteira	663.369,00	21.595.926,06	21.261.051,65	3.255,49	3.205,01	6.460,50
Jaboticabal	18.608.783,13	14.538.141,18	42.459.681,35	78,13	228,17	306,30
Marília	73.366.704,23	29.670.371,42	18.263.045,36	40,44	24,89	65,33
Presidente Prudente	40.307.253,60	27.277.799,71	19.444.298,73	67,67	48,24	115,91
Rio Claro	134.789.458,00	38.241.071,48	37.085.855,64	28,37	27,51	55,88
São José do Rio Preto	90.682.052,00	50.078.571,46	25.531.845,75	55,22	28,16	83,38
São José dos Campos	648.480.251,53	292.329.707,38	12.236.217,98	45,08	1,89	46,97
Total	1.358.958.889,94	667.622.143,52	496.884.981,20	49,13	36,56	85,69

Fonte: Assessoria de Orçamento e Planejamento (Aplo) – Reitoria – UNESP e Delegacias Regionais da Receita Estadual.
* Montante do ICMS arrecadado nos municípios.
** Refere-se aos recursos da UNESP provenientes do ICMS.

Tabela 3.4 – UNESP – Relação entre o total dos recursos financeiros movimentados e algumas categorias da receita dos municípios – 2001 – R$

Municípios	Recursos UNESP* (A)	Receita total (B)	Receita tributária própria (C)	Transferências intergovernamentais** (D)	%		
					(E) = A/B	(F) = A/C	(G) = A+C
Araçatuba	24.312.538,88	131.000.000,00	52.400.000,00	20.000.000,00	18,56	46,40	121,56
Araraquara	77.806.238,73	127.651.543,34	26.587.044,86	20.466.329,15	60,95	292,65	380,17
Assis	22.741.591,64	52.071.746,33	8.595.718,14	10.022.978,85	43,67	264,57	226,89
Bauru	37.598.729,14	137.696.272,57	32.864.675,24	26.939.803,54	27,31	114,40	139,57
Botucatu	186.440.111,12	57.668.361,79	16.363.526,75	10.422.911,83	323,30	1.139,36	1.788,75
Franca	13.124.771,13	132.000.000,00	24.191.500,00	21.235.192,00	9,94	54,25	61,81
Guaratinguetá	19.001.072,94	65.900.000,00	10.166.494,00	10.883.914,66	28,83	186,90	174,58
Ilha Solteira	24.002.250,49	34.101.691,80	975.378,43	4.040.782,85	70,38	2.460,81	594,00
Jaboticabal	47.494.331,84	41.435.775,70	7.606.229,93	8.635.084,96	114,62	624,41	550,02
Marília	18.522.796,19	133.028.373,11	29.847.182,22	19.857.435,50	13,92	62,06	93,28
Presidente Prudente	20.579.994,16	103.517.880,98	25.481.863,92	20.260.008,61	19,88	80,76	101,58
Rio Claro	42.597.210,10	104.701.941,64	36.762.235,88	20.570.275,86	40,68	115,87	207,08
São José do Rio Preto	26.177.718,60	225.748.925,69	49.672.759,44	29.846.394,37	11,60	52,70	87,71
São José dos Campos	12.539.519,99	551.915.849,81	90.800.153,80	34.264.344,57	2,27	13,81	36,60
Total	572.938.874,96	1.898.438.362,76	412.314.762,61	257.445.456,75	30,18	138,96	222,55

Fonte: Prefeituras Municipais e Assessoria de Orçamento e Planejamento (Aplo) – Reitoria – UNESP.
* Total de recursos financeiros (recursos do ICMS + receitas próprias + receitas de convênios).
** Fundo de Participação dos Municípios (FPM) + IPVA.

Cabe destacar a relação entre UNESP-ICMS/ICMS arrecadado, nos municípios de Ilha Solteira, Botucatu, Assis e Jaboticabal, que foram respectivamente de 3.205%, 516%, 259%, 228% (coluna E). Nesses casos, os recursos orçamentários provenientes do ICMS recebidos por esses *campi* superam de forma expressiva o montante arrecadado desse imposto nos respectivos municípios. Para que fosse possível compensar o total de recursos do ICMS que retorna via UNESP (no caso de sua inexistência nessas cidades), os valores das cotas-partes do ICMS de Assis, Jaboticabal e Botucatu teriam que aumentar, respectivamente, uma, três e sete vezes. Essa compensação só poderia ocorrer mediante um expressivo aumento do valor adicionado gerado nesses municípios, uma vez que a cota-parte transferida pelo governo estadual tem uma forte relação com a quantidade de riquezas produzidas localmente.

Destacam-se também nesse aspecto os *campi* de Araraquara e de Araçatuba, onde a relação UNESP-ICMS/ICMS arrecadado no ano de 2001 foi significativa. Em Araraquara essa relação foi de 111%. Considerando que o município possui uma estrutura produtiva bastante dinâmica e fortemente centrada na agroindústria, o fato de os recursos da UNESP originários do ICMS serem 11% superiores à arrecadação municipal desse imposto e 65% maior do que o montante que retorna ao município via cota-parte constitui indicador bastante expressivo. No caso de Araçatuba, a relação UNESP-ICMS/ICMS arrecadado de 97,74% revela que a quase totalidade do ICMS arrecadado retornou ao município via UNESP.

Esses números demonstram a importância da UNESP como vetor de recursos tributários que retornam para os municípios onde estão localizadas suas unidades. No entanto, além dos recursos do ICMS, as unidades universitárias possuem outras fontes de financiamento de suas atividades provenientes de receitas próprias, de convênios,[4] e de receitas obtidas por Fundações[5] existentes em algumas unidades. Somando-se essas receitas, os *campi* da UNESP pesquisados movimentaram, em 2001, um total de R$ 572.938.874,96 (Tabela 3.1).

4 O montante das receitas de convênios indicado na Tabela 3.1 pode estar subestimado, uma vez que alguns convênios são realizados diretamente com as agências/instituições financiadoras pelos professores, pelos grupos de pesquisa ou ainda via Fundações existentes em algumas unidades. Por essa razão, a gestão contábil dos recursos financeiros que a Universidade recebe por meio dos convênios pode estar descentralizada por setores da administração, dificultando a obtenção desses dados.

5 No caso das Fundações, o montante de recursos financeiros indicado para cada *campus* na Tabela 3.1 corresponde às despesas efetuadas no ano de 2001. Esse procedimento foi adotado considerando o objetivo da pesquisa, qual seja, medir os impactos econômicos e financeiros dos recursos que as unidades da UNESP movimentam (gastam) nos municípios. Assim, do ponto de vista metodológico, pareceu-nos mais adequado contabilizar os gastos das Fundações no referido ano em vez de suas receitas.

Na Tabela 3.4, esse montante foi comparado com algumas categorias da receita de cada um dos municípios. Observa-se que os recursos da Universidade representaram 30,18% da receita total dos municípios (coluna E); foram 38,96% maiores do que a arrecadação de impostos e taxas dos municípios – receita tributária própria – (coluna F) e 122,55% maiores que as transferências intergovernamentais (coluna G), que representam as receitas repassadas aos municípios pelos governos federal e estadual.

Esses números relativos à UNESP ganham maior significado quando inseridos no contexto da economia dos municípios onde ela está localizada. O fato de serem cidades de médio e grande portes e com estruturas produtivas bastante dinâmicas permite que o montante da cota-parte do ICMS represente, em média, mais de 35% de sua receita total. Esse indicador demonstra a importância da UNESP na medida em que o valor dos recursos desse imposto que retorna por intermédio da Universidade (R$ 497 milhões) representa 74,43% do valor que retorna para os quatorze municípios via cota-parte (R$ 668 milhões), conforme Tabela 3.3.

A Tabela 3.5 indica o valor adicionado gerado pelas vinte maiores empresas de cada um dos quatorze municípios pesquisados onde existem *campi* da UNESP. As empresas foram agregadas em quatro diferentes grandezas que representam sua posição, em ordem decrescente, na geração do valor adicionado. Sabendo-se que, em termos conceituais, o valor adicionado corresponde ao Produto Interno Bruto municipal, ou seja, à quantidade de riqueza gerada em um determinado período de tempo, em 2001, os recursos movimentados pela UNESP representaram 4,08% do valor adicionado das cinco maiores empresas do conjunto dos municípios (coluna F) e, 3,21% do valor gerado pelas vinte maiores (coluna 1), demonstrando, mais uma vez, a relevância do fluxo de recursos que a UNESP movimenta.

A relação entre os recursos da UNESP e o valor adicionado gerado pelas maiores empresas, quando tomada em valores absolutos para o conjunto dos quatorze municípios, resulta em valores percentuais não muito significativos, uma vez que, em alguns desses municípios, o valor adicionado gerado é muito superior ao dos demais. São José dos Campos, por exemplo, gerou, em 2001, um montante de valor adicionado superior a nove vezes ao gerado em São José do Rio Preto, e 58 vezes maior do que o de Assis. Portanto, essa relação, embora seja pouco significativa quando tomados conjuntamente os quatorze municípios, assume proporções consideráveis para a maior parte deles, se tomados isoladamente (ver Tabela 3.5). Em Assis, Botucatu e Jaboticabal, o montante dos recursos movimentados pelos *campi* da UNESP representaram, respectivamente, 56,3%, 92,7% e 20,2% do valor adicionado gerado pelas cinco maiores empresas desses municípios. Essa relação também é expressiva em Araçatuba, Araraquara e Bauru, considerando que, em 2001, as atividades econômicas dessas cidades geraram um montante de valor adicionado de R$ 650 milhões na primeira; R$ 1.260 milhão na segunda; e de R$ 1.200 milhão na terceira.

Sabendo-se que em 2001 as cinco maiores empresas dos treze municípios[6] geraram um valor adicionado igual a R$ 3,5 bilhões[7] e que, no mesmo ano, o montante de recursos da UNESP totalizou R$ 572 milhões, isso significa que, em valores monetários, a existência da UNESP injetou um total de recursos equivalente a 16,5% da geração de riqueza dessas empresas.

É necessário agregar ainda os gastos efetuados pelos alunos. Em cada um dos *campi* foi realizada uma pesquisa para dimensionar os gastos dos alunos dos cursos de graduação e pós-graduação (*stricto sensu*).[8] As Tabelas 3.6, 3.7, 3.8 e 3.9 apresentam os seus principais resultados. Na Tabela 3.6, o gasto mensal (coluna C) foi calculado com base no gasto médio *per capita* (coluna A) multiplicado pelo número de alunos (coluna B). O gasto anual (coluna D) foi calculado a partir das informações referentes à distribuição dos gastos; e os diferentes itens da despesa foram multiplicados por doze meses.

---

6 Para efeito dessa comparação, excluímos São José dos Campos, uma vez que o elevado montante de valor adicionado gerado no município, relativamente aos demais, provoca distorções expressivas na análise comparativa entre as variáveis recursos UNESP e valor adicionado. Para efeito de manutenção da equivalência comparativa também não foi considerado o montante de recursos movimentados pela unidade universitária da UNESP existente na cidade.

7 Esse número foi obtido somando-se o valor adicionado gerado pelas cinco maiores empresas de cada um dos treze municípios e dividindo-se o total pelo número de municípios.

8 Mediante a aplicação de questionário, procurou-se mensurar o gasto médio mensal *per capita*. Foram considerados como principais despesas: aluguel, alimentação, transportes, material didático, vestuário, lazer, cursos (língua e/ou informática). Ainda com relação à pesquisa realizada com os alunos, faz-se necessário esclarecer três aspectos: (1) em cada *campus* foram entrevistados 14% dos alunos de graduação e da pós-graduação com um corte específico: aqueles cujas famílias não residiam nas cidades; (2) para efeito da projeção do gasto total dos estudantes da UNESP em cada um dos municípios, considerou-se o número total de alunos (inclusive aqueles cujas famílias residem na cidade). Esse procedimento justifica-se pelo fato de que, na inexistência das unidades da UNESP nessas cidades, os alunos originários do município teriam que se deslocar para outros municípios a fim de estudar. Dessa forma, realizariam despesas em outras localidades. Em outras palavras, os alunos cujas famílias residem nos municípios onde estudam também realizam gastos e, portanto, devem ser considerados para efeito dos objetivos da pesquisa; e (3) ao contrário da pesquisa anterior, os alunos dos cursos de pós-graduação *stricto sensu* foram incluídos na pesquisa. No entanto, em alguns *campi* não se conseguiu atingir os 14% da amostra em razão da grande diversidade de situações em termos de local de residência, número de disciplinas nas quais estão matriculados e, por conseqüência, tempo de permanência nas cidades para integralização dos créditos. Dessa forma, a não coincidência entre os locais de residência e de realização dos cursos constituiu um obstáculo para a realização das entrevistas com os pós-graduandos (ver item Os gastos dos alunos, no Capítulo 5, denominado "Metodologia"). O modelo do questionário aplicado encontra-se nos anexos.

Tabela 3.5 – Relação entre o total de recursos movimentados pela UNESP e o valor adicionado das vinte maiores empresas dos municípios[1] – 2001 – R$

Municípios	Recursos UNESP (A)	Valor adicionado				%			
		5 maiores (B)	10 maiores (C)	15 maiores (D)	20 maiores (E)	(F) = A/B	(G) = A/C	(H) = A/D	(I) = A/E
Araçatuba	24.312.538,88	249.984.071,00	326.417.047,00	361.452.784,00	371.194.953,00	9,73	7,45	6,73	6,55
Araraquara	77.806.238,73	433.838.029,08	659.861.104,08	774.829.371,29	832.469.832,04	17,93	11,79	10,04	9,35
Assis	22.741.591,64	40.379.219,79	56.085.450,83	65.570.100,44	73.730.159,68	56,32	40,55	34,68	30,84
Bauru	37.598.729,14	310.979.288,00	393.500.389,00	464.846.709,00	525.505.448,00	12,09	9,55	8,09	7,15
Botucatu	186.440.111,12	201.104.576,40	257.826.380,00	283.609.018,00	309.391.656,00	92,71	72,31	65,74	60,26
Franca	13.124.771,13	344.855.880,04	442.122.923,13	495.177.673,91	504.020.132,37	3,81	2,97	2,65	2,60
Guaratinguetá	19.001.072,94	220.126.473,45	282.213.427,50	310.434.770,25	338.656.113,00	8,63	6,73	6,12	5,61
Ilha Solteira	24.002.250,49	196.697.914,50	255.707.288,85	295.046.871,75	321.273.260,35	12,20	9,39	8,14	7,47
Jaboticabal	47.494.331,84	234.929.770,00	253.547.063,00	264.412.311,00	274.636.967,00	20,22	18,73	17,96	17,29
Marília	18.522.796,19	271.459.985,44	383.718.966,52	429.137.061,68	453.264.056,48	6,82	4,83	4,32	4,09
Presidente Prudente	20.579.994,16	177.506.636,08	240.052.944,26	286.234.956,86	325.120.443,02	11,59	8,57	7,19	6,33
Rio Claro	42.597.210,10	575.165.362,92	698.216.787,20	777.295.549,79	834.902.750,24	7,41	6,10	5,48	5,10
São José do Rio Preto	26.177.718,60	301.834.687,00	400.430.866,00	467.506.922,00	519.406.457,00	8,67	6,54	5,60	5,04
São José dos Campos	12.539.519,99	10.486.466.378,34	11.566.402.074,47	11.967.237.597,77	12.191.809.934,29	0,12	0,11	0,10	0,10
Total	572.938.874,96	14.045.328.272,05	16.216.102.711,83	17.242.791.697,74	17.875.382.162,47	4,08	3,53	3,32	3,21

Fonte: Prefeituras Municipais e Assessoria de Orçamento e Planejamento (Aplo) – Reitoria – UNESP.

* A distribuição do valor adicionado entre as maiores empresas foi estimada a partir do valor adicionado total uma vez que não foi possível obter o dado desagregado para as vinte maiores.

1. Para a maioria dos municípios, o valor adicionado obtido foi o referente ao ano 2000. Sua atualização para o ano 2001 foi feita com base no IGP-DI da FGV.

Tabela 3.6 – UNESP – Distribuição dos gastos dos alunos – 2002

Campus	Aluguel R$	Manutenção R$	Alimentação R$	Transportes R$	Cursos R$	Mat. didático R$	Lazer R$	Outros R$	Total R$ (A)	Número de alunos* (B)	Gasto mensal R$ (C) = A x B	Gasto anual** R$ (D)
Araçatuba	173,68	99,58	96,00	79,10	30,71	31,94	59,46	43,21	613,68	713	437.554,67	5.250.656,00
Araraquara	160,30	54,73	105,02	72,31	48,52	38,14	50,75	118,21	647,99	5.383	3.488.141,42	41.857.697,00
Assis	128,37	60,35	111,77	68,81	56,37	27,97	44,33	39,61	537,58	1.986	1.067.636,76	12.811.641,18
Bauru	153,21	70,74	112,22	94,09	41,96	28,03	44,76	10,62	555,63	4.212	2.340.324,75	28.083.897,03
Botucatu	198,32	133,05	146,28	115,11	30,74	37,16	61,11	24,19	745,97	4.423	3.299.415,83	39.592.989,91
Franca	139,54	65,33	109,42	77,01	86,33	42,66	38,27	67,17	625,73	1.702	1.064.985,43	12.779.825,22
Guaratinguetá	128,72	77,87	107,34	83,84	51,26	20,38	55,97	13,42	538,81	1.330	716.616,15	8.599.393,78
Ilha Solteira	111,10	71,61	107,68	69,04	19,58	16,33	56,37	1,32	453,03	1.370	620.651,56	7.447.818,68
Jaboticabal	157,91	111,24	127,04	113,04	78,88	30,69	73,40	103,02	795,21	2.029	1.613.472,22	19.361.666,60
Marília	150,39	70,68	76,53	54,67	64,22	22,43	33,38	137,03	609,34	1.971	1.201.008,68	14.412.104,15
Presidente Prudente	138,93	63,55	94,15	67,64	68,40	24,86	36,07	85,38	578,99	2.242	1.298.092,58	15.577.110,95
Rio Claro	149,68	48,56	98,21	66,14	19,02	20,46	34,10	10,09	446,26	3.118	1.391.425,35	16.697.104,19
São José do Rio Preto	154,22	50,59	93,70	72,22	33,90	16,15	45,30	6,93	473,01	1.941	918.110,38	11.017.324,59
São José dos Campos	254,59	226,43	204,80	153,15	183,43	121,08	107,17	219,31	1.469,97	428	629.145,53	7.549.746,38
Média Geral	157,07	86,02	113,58	84,73	58,10	34,16	52,89	62,82	649,37	–	–	–
Total										32.848	20.086.581,30	241.038.975,66

Fonte: *Anuário Estatístico da UNESP* – 2001 – Aplo – Reitoria.
* Total dos alunos da graduação e da pós-graduação.
** Os gastos mensais com aluguel, manutenção de cada curso e curso de língua e/ou de informática foram multiplicados por doze meses, enquanto os demais gastos (alimentação, transportes, lazer etc.) foram multiplicados por dez meses.

Tabela 3.7 – Comparação entre os gastos dos alunos da UNESP e algumas categorias da receita municipal – Em R$

Municípios	Gasto anual dos alunos (A)	Fundo de participação dos municípios (B)	IPVA (C)	%	
				(D) = A/B	(E) = A/C
Araçatuba	5.250.656,00	13.500.000,00	6.500.000,00	38,89	80,78
Araraquara	41.857.697,00	13.100.459,65	7.365.869,50	319,51	568,27
Assis	12.811.641,18	7.256.076,51	2.766.902,34	176,56	463,03
Bauru	28.083.897,03	13.100.256,91	13.839.546,63	214,38	202,92
Botucatu	39.592.989,91	6.636.985,08	3.785.926,75	596,55	1.045,79
Franca	12.779.825,22	11.135.192,00	10.100.000,00	114,77	126,53
Guaratinguetá	8.599.393,78	7.805.955,66	3.077.959,00	110,16	279,39
Ilha Solteira	7.447.818,68	3.359.175,31	681.607,54	221,72	1.092,68
Jaboticabal	19.361.666,60	6.188.813,66	2.446.271,30	312,85	791,48
Marília	14.412.104,15	13.100.459,76	6.756.975,74	110,01	213,29
Presidente Prudente	15.577.110,95	12.789.025,46	7.470.983,15	121,80	208,50
Rio Claro	16.697.104,19	13.597.720,99	6.972.554,87	122,79	239,47
São José do Rio Preto	11.017.324,59	13.100.459,64	16.745.934,73	84,10	65,79
São José dos Campos	7.549.746,38	13.100.459,64	21.163.884,93	57,63	35,67
Total	241.038.975,66	147.771.040,27	109.674.416,48	163,12	219,78

Fonte: Execução Orçamentária – Prefeituras Municipais.

Tabela 3.8 – UNESP – Distribuição dos gastos dos alunos – 2002 – Em %

Campus	Aluguel	Manutenção	Alimentação	Transportes	Cursos	Mat. didático	Lazer	Outros	Total
Araçatuba	28,30	16,23	15,64	12,89	5,00	5,20	9,69	7,04	100,00
Araraquara	24,74	8,45	16,21	11,16	7,49	5,89	7,83	18,24	100,00
Assis	23,88	11,23	20,79	12,80	10,49	5,20	8,25	7,37	100,00
Bauru	27,57	12,73	20,20	16,93	7,55	5,04	8,06	1,91	100,00
Botucatu	26,59	17,84	19,61	15,43	4,12	4,98	8,19	3,24	100,00
Franca	22,30	10,44	17,49	12,31	13,80	6,82	6,12	10,73	100,00
Guaratinguetá	23,89	14,45	19,92	15,56	9,51	3,78	10,39	2,49	100,00
Ilha Solteira	24,52	15,81	23,77	15,24	4,32	3,60	12,44	0,29	100,00
Jaboticabal	19,86	13,99	15,98	14,21	9,92	3,86	9,23	12,96	100,00
Marília	24,68	11,60	12,56	8,97	10,54	3,68	5,48	22,49	100,00
Presidente Prudente	24,00	10,98	16,26	11,68	11,81	4,29	6,23	14,75	100,00
Rio Claro	33,54	10,88	22,01	14,82	4,26	4,58	7,64	2,26	100,00
São José do Rio Preto	32,60	10,70	19,81	15,27	7,17	3,41	9,58	1,47	100,00
São José dos Campos	17,32	15,40	13,93	10,42	12,48	8,24	7,29	14,92	100,00
Média Geral	24,19	13,25	17,49	13,05	8,95	5,26	8,14	9,67	100,00

Tabela 3.9 – UNESP – Impactos dos gastos dos alunos no mercado imobiliário – 2002

Campus	% dos alunos que pagam aluguel (A)	Total de alunos* (B)	Total de alunos que pagam aluguel (C) = A x B	Média do gasto com aluguel por aluno – R$ (D)	Gasto total mensal – R$ (E) = C x D	Gasto total anual – R$ (F) = E x 12	Média de alunos por casa (G)	Quantidade de casas alugadas (H) = C/G	Custo médio por casa – R$ (I) = E/H
Araçatuba	86,25%	713	615	173,68	106.807,40	1.281.688,80	3,66	168	635,80
Araraquara	92,57%	5.383	4.983	160,30	798.806,44	9.585.677,28	4,24	1.175	679,68
Assis	94,48%	1.986	1.876	128,37	240.862,85	2.890.354,18	3,57	525	458,88
Bauru	89,52%	4.212	3.771	153,21	577.683,16	6.932.197,89	3,57	1.055	547,37
Botucatu	87,11%	4.423	3.853	198,32	764.073,25	9.168.879,00	3,92	983	777,55
Franca	94,24%	1.702	1.604	139,54	223.832,59	2.685.991,10	3,77	425	526,35
Guaratinguetá	78,89%	1.330	1.049	128,72	135.069,12	1.620.829,43	6,36	165	818,98
Ilha Solteira	82,04%	1.370	1.124	111,10	124.866,89	1.498.402,63	3,87	290	430,30
Jaboticabal	95,83%	2.029	1.944	157,91	307.048,99	3.684.587,91	3,94	493	622,41
Marília	100,00%	1.971	1.971	150,39	296.422,42	3.557.069,03	2,96	667	444,64
Presidente Prudente	97,85%	2.242	2.194	138,93	304.779,41	3.657.352,90	3,89	565	539,81
Rio Claro	82,01%	3.118	2.557	149,68	382.732,20	4.592.786,41	3,80	674	568,27
São José do Rio Preto	65,45%	1.941	1.270	154,22	95.935,13	2.351.221,53	3,64	349	561,15
São José dos Campos	88,37%	428	378	254,59	96.293,33	1.155.519,97	3,79	100	965,68
Total	–	32.848	29.190	–	4.555.213,17	54.662.558,05	–	7.634	
Média Geral	88,19	–	–	157,07	–	–	3,93	–	612,63

* Total dos alunos da graduação e da pós-graduação.

Evidentemente que o montante mensal e anual dos gastos dos alunos em cada *campus* diferencia-se em razão do número de alunos. O montante total desses gastos, ou seja, R$ 241 milhões, foi 63,12% maior do que o Fundo de Participação dos Municípios (FPM) (coluna D), e 119,78% maior do que o valor das receitas municipais referentes ao IPVA (coluna E), conforme Tabela 3.7. Em seis das quatorze cidades, os gastos anuais dos alunos superaram a soma do montante arrecadado com o IPVA e com o FPM.[9]

Dado que em 2001 a folha líquida de salários do conjunto dos *campi* pesquisados foi de R$ 464,3 milhões, isso significa que o montante dos gastos dos alunos (R$ 241 milhões) representou 52% daquele total. A relevância desse montante fica evidenciada quando se constata que ele corresponde ao somatório da folha líquida de salários dos professores e funcionários dos *campi* de Araraquara, Assis, Bauru, Franca, Guaratinguetá, Marília, Presidente Prudente, Rio Claro e São José do Rio Preto.

Admitindo-se que os servidores da UNESP transformam integralmente seus salários em gastos de consumo e somando-se a folha líquida de salários de todos os *campi* com os gastos dos alunos (R$ 464,3 milhões + R$ 241 milhões), temos um montante de R$ 705,3 milhões representando os gastos de consumo dos professores, funcionários e alunos da UNESP. Estimando-se que, em média, 40% das receitas desses municípios são gastos com o pagamento da folha líquida de salários dos seus funcionários – aproximadamente R$ 759 milhões que são transformados em despesas de consumo –, pode-se inferir que a soma dos gastos dos servidores e dos alunos da UNESP representa 92,9% dos gastos de consumo de todos os funcionários das prefeituras das cidades onde os *campi* da UNESP estão localizados.

A Tabela 3.8 mostra que, percentualmente, na média dos *campi*, os gastos mais significativos dos alunos ocorrem com aluguel (24,19%) e com alimentação (17,49%). Merecem destaque as despesas com aluguel, uma vez que o gasto anual com esse item – R$ 54,6 milhões no conjunto das cidades (Tabela 3.9 – coluna F) – movimenta o mercado imobiliário mediante o aluguel de casas para a constituição de "repúblicas". Os dados obtidos a partir dos questionários respondidos pelos alunos permitem estimar que, nos quatorze municípios, 7.634 casas são alugadas para os estudantes da UNESP (Tabela 3.9).

Na tentativa de trabalhar com dados mais próximos do real, estimou-se que os recursos financeiros movimentados nos *campi* da UNESP não são gastos integralmente nos respectivos municípios. Isso porque algumas empresas fornecedoras de produtos e de serviços estão localizadas em outras cidades. Da mesma forma, é razoável também admitir que os servidores da UNESP, especialmente

9 Essas cidades são: Araraquara, Assis, Bauru, Botucatu, Ilha Solteira e Jaboticabal.

Tabela 3.10 – UNESP – Estimativa dos recursos financeiros injetados – Relações com a arrecadação municipal – 2001 – Em R$

Campus	Recursos da UNESP*	80% de (A)	Gasto total anual dos alunos	Recursos injetados (B+C)	ICMS arrecadado**	Receita municipal	%	
	(A)	(B)	(C)	(D)	(E)	(F)	(G) = D/E	(H) = D/F
Araçatuba	24.312.538,88	19.450.031,11	5.250.656,00	24.700.687,11	23.918.712,19	131.000.000,00	103,27	18,86
Araraquara	77.806.238,73	62.244.990,99	41.857.697,00	104.102.687,98	64.005.228,00	127.651.543,34	162,65	81,55
Assis	22.741.591,64	18.193.273,31	12.811.641,18	31.004.914,49	8.331.486,17	52.071.746,33	372,14	59,54
Bauru	37.598.729,14	30.078.983,31	28.083.897,03	58.162.880,34	76.112.299,12	137.696.272,57	76,42	42,24
Botucatu	186.440.111,12	149.152.088,90	39.592.989,91	188.745.078,81	26.640.921,02	57.668.361,79	708,48	327,29
Franca	13.124.771,13	10.499.816,90	12.779.825,22	23.279.642,12	108.706.178,95	132.000.000,00	21,42	17,64
Guaratinguetá	19.001.072,94	15.200.858,35	8.599.393,78	23.800.252,14	44.346.193,00	65.900.000,00	53,67	36,12
Ilha Solteira	24.002.250,49	19.201.800,39	7.447.818,68	26.649.619,07	663.369,00	34.101.691,80	4.017,31	78,15
Jaboticabal	47.494.331,84	37.995.465,47	19.361.666,60	57.357.132,07	18.608.783,13	41.435.775,70	308,23	138,42
Marília	18.522.796,19	14.818.236,95	14.412.104,15	29.230.341,10	73.366.704,23	133.028.373,11	39,84	21,97
Presidente Prudente	20.579.994,16	16.463.995,33	15.577.110,95	32.041.106,28	40.307.253,60	103.517.880,98	79,49	30,95
Rio Claro	42.597.210,10	34.077.768,08	16.697.104,19	50.774.872,27	134.789.458,00	104.701.941,64	37,67	48,49
São José do Rio Preto	26.177.718,60	20.942.174,88	11.017.324,59	31.959.499,47	90.682.052,00	225.748.925,69	35,24	14,16
São José dos Campos	12.539.519,99	10.031.615,99	7.549.746,38	17.581.362,37	648.480.251,53	551.915.849,81	2,71	3,19
Total	572.938.874,96	458.351.099,97	241.038.975,66	699.390.075,62	1.358.958.889,94	1.898.438.362,76	51,47	36,84

Fonte: Execução Orçamentária – Prefeituras Municipais.

* Total de recursos financeiros (recursos do ICMS + receitas próprias + receitas de convênios + despesas das fundações).

** Montante do ICMS arrecadado nos municípios.

os docentes, não gastam a totalidade de seus salários na cidade.[10] Considerando essas estimativas, é possível afirmar que dos R$ 573 milhões de recursos financeiros que os *campi* da UNESP movimentaram em 2001, R$ 458,3 milhões (80%) foram efetivamente gastos nos quatorze municípios nos quais eles estão localizados (coluna B – Tabela 3.10). Somando-se esse valor com os gastos dos alunos, as unidades da UNESP foram responsáveis pela circulação de R$ 699 milhões pelos setores da economia desses municípios (coluna D – Tabela 3.10) – valor que representou 51,47% do ICMS arrecadado (coluna G) e 36,84% da receita total dos municípios (coluna H). Se isolarmos o município de São José dos Campos, pelas razões já apontadas, essas participações relativas alcançam, respectivamente, 95,96% e 50,63%.

Os números aqui apresentados demonstram, mais uma vez, a relevância da UNESP do ponto de vista de seu impacto sobre as economias dos municípios, através da movimentação de um volume considerável de recursos financeiros que contribuem para dinamizá-las e representam uma parte do muito que ainda há para ser investigado sobre o seu significado como fonte de dinamismo econômico, tanto local quanto regional.

Nunca é demais lembrar que as universidades públicas, ao contrário das atividades econômicas de modo geral, exercem tanto um impacto econômico estático quanto um impacto dinâmico sobre a economia em geral, este último representado pela contribuição da Universidade no aumento da riqueza produzida (local, regional e nacional) graças a seu poder de formar e aperfeiçoar o capital humano que, anualmente, é incorporado à produção social do país.

10 Pesquisa desenvolvida no *campus* de Araraquara constatou que o coeficiente de gasto salarial dos docentes no município é de 78%. Para os funcionários esse coeficiente é próximo de 100% (ver Freitas, 1997).

4
Os resultados das pesquisas de 1996 e de 2001: análise comparativa

José Murari Bovo

A importância e o significado dos impactos econômicos e financeiros da UNESP para os municípios ganham sua devida dimensão quando se comparam os resultados obtidos nas duas pesquisas realizadas. Como veremos a seguir, estes impactos são muito mais significativos hoje do que o foram em 1996.

Para efeitos comparativos, os valores monetários referentes aos dois anos em questão foram ajustados para uma mesma base, ou seja, foram transformados em Reais (R$) de julho de 1999. Esse procedimento permite comparar valores monetários correspondentes a distintos anos, especialmente na presença de um processo inflacionário.[1]

1 Esse ajuste (deflacionamento/inflacionamento) dos valores monetários relativos aos dados das duas pesquisas implicou que esses valores para o ano de 2001 apresentados no Capítulo 3 não correspondem aos valores para o mesmo ano existentes no Capítulo 4. Isso porque a técnica do deflacionamento/inflacionamento utilizada converteu os valores monetários relativos ao ano de 2001 presentes no Capítulo 4 para preços de julho de 1999. O mesmo procedimento foi adotado para os valores monetários obtidos na pesquisa realizada em 1996.

Os recursos financeiros movimentados pelos vários *campi* da UNESP cresceram entre os anos de 1996 e 2001, com exceção de São José dos Campos, onde ocorreu um pequeno declínio desses recursos. No total geral houve um crescimento de 12,04%[2] (Tabela 4.1). No entanto, é necessário analisar esse indicador com um certo cuidado, uma vez que, conforme salientado, na pesquisa realizada em 1996 não foram contabilizados os gastos das Fundações existentes em algumas unidades universitárias, procedimento adotado na segunda pesquisa. Assim, nas unidades (institutos ou faculdades) em que as Fundações administram convênios realizados com órgãos governamentais ou empresas privadas o montante de recursos não provenientes do ICMS é bastante expressivo.[3] Nesse sentido, o crescimento dos recursos financeiros ocorrido em alguns *campi* explica-se pela consideração, na segunda pesquisa, dos valores gastos pelas Fundações.

Os valores monetários relativos aos recursos provenientes do ICMS comprovam essas afirmações. Observe-se que entre 1996 e 2001 os recursos provenientes do Tesouro do Estado apresentaram uma pequena variação em termos reais, ou seja, 1,91% (em valores absolutos: de R$ 385 para R$ 392 milhões), ao passo que os recursos não provenientes do ICMS cresceram 219% (em valores absolutos: de R$ 18,8 para R$ 60 milhões), conforme Tabela 4.1.

Na Tabela 4.2 é possível observar o crescimento real (descontada a inflação) tanto da Receita Total quanto do ICMS arrecadado nos quatorze municípios considerados. No conjunto desses municípios, a Receita Total apresentou uma variação de 13,92%. Em apenas três municípios (Bauru, Franca e Ilha Solteira) ocorreu uma redução na Receita Total. Chama a atenção o expressivo crescimento da Receita no município de Marília (84,17%) entre os anos de 1996 e 2001. O aumento real observado na Receita de onze dos municípios estudados seguiu uma tendência geral dos municípios brasileiros que, a partir de 1995, deram início a uma política fiscal visando aumentar a eficiência na arrecadação de suas receitas próprias.

Os resultados obtidos relativamente ao comportamento do ICMS permitem observar que em oito municípios[4] ocorreu uma variação negativa de sua arrecadação, fazendo que na média dos quatorze municípios o declínio tenha atingido 30,68% no período considerado. Chama também a atenção o fato de nesses

2 É necessário lembrar que não estão contabilizados nesse montante os recursos das seguintes unidades orçamentárias: Reitoria, Instituto de Artes e *campus* de São Vicente.

3 Como exemplos podem ser citados os recursos recebidos pela Faculdade de Medicina de Botucatu e pela Faculdade de Ciências Farmacêuticas de Araraquara, por meio de convênios com o Ministério da Saúde, pelos serviços médicos e de análises clínicas prestados aos usuários do Sistema Único de Saúde (SUS).

4 Araçatuba, Araraquara, Bauru, Guaratinguetá, Ilha Solteira, Presidente Prudente, São José do Rio Preto e São José dos Campos.

Tabela 4.1 – UNESP – Recursos financeiros movimentados – 1996 e 2001 – R$[1]

Municípios	Total de recursos 1996 (A)	Total de recursos 2001 (B)	Variação (%) (B/A)
Araçatuba	17.404.983,69	19.210.286,73	10,37
Araraquara	57.432.398,48	61.477.748,68	7,04
Assis	16.651.857,38	17.969.019,95	7,91
Bauru	26.084.642,13	29.708.224,67	13,89
Botucatu	127.091.246,90	147.313.614,98	15,91
Franca	9.153.653,18	10.370.394,38	13,29
Guaratinguetá	13.304.024,90	15.013.490,00	12,85
Ilha Solteira	18.841.374,05	18.965.115,75	0,66
Jaboticabal	33.348.091,67	37.527.126,93	12,53
Marília	13.127.519,54	14.635.584,85	11,49
Presidente Prudente	13.524.414,05	16.261.057,33	20,23
Rio Claro	28.648.086,52	33.657.719,74	17,49
São José do Rio Preto	19.478.423,90	20.684.038,08	6,19
São José dos Campos	9.964.267,90	9.907.964,59	(0,57)
Total	404.054.984,30	452.701.386,66	12,04

Fonte: Assessoria de Orçamento e Planejamento (Aplo) – Reitoria – UNESP.
(1) Valores ajustados em R$ de julho de 1999 – IGP-DI – Centrado.

oito municípios a redução, em termos reais, ter sido bastante expressiva, entre 30% e 60%.

Nesse mesmo período, a arrecadação do ICMS no Estado de São Paulo cresceu apenas 0,34% em termos reais.[5] Além disso, em 2001, o volume de vendas no Estado de São Paulo apresentou uma variação negativa de 2,5%, enquanto o PIB industrial declinou 0,6%. Esses fatores influenciaram negativamente a arrecadação do ICMS.

O aumento da arrecadação do ICMS ocorreu muito provavelmente, nos outros seis municípios[6] em razão de fatores relacionados às especificidades de suas estruturas produtivas e/ou do aperfeiçoamento da fiscalização, e, portanto, deve ser analisado caso a caso. O que extrapola os objetivos deste trabalho.

5 Indicadores DIESP, n.92, set./2002. Fundap.

6 Assis, Botucatu, Franca, Jaboticabal, Marília e Rio Claro.

Tabela 4.2 – Arrecadação municipal – 1996 e 2001 – Em R$[1]

Campus	Receita total 1996 (A)	Receita total 2002 (B)	Variação (%) (B/A)	ICMS arrecadado** 1996 (C)	ICMS arrecadado** 2001 (D)	Variação (%) (D/C)
Araçatuba	87.111.083,52	103.508.217,45	18,82	50.846.429,53	18.899.108,87	(62,83)
Araraquara	80.128.951,53	100.862.471,03	25,88	79.089.195,35	50.573.030,97	(36,06)
Assis	37.279.950,20	41.143.920,93	10,36	6.205.492,62	6.583.032,69	6,08
Bauru	126.007.806,58	108.799.203,99	(13,66)	134.869.226,31	60.139.300,82	(55,41)
Botucatu	42.859.715,18	45.566.025,43	6,31	18.583.233,97	21.050.032,41	13,27
Franca	132.027.482,20	104.298.356,51	(21,00)	71.386.849,10	85.892.998,54	20,32
Guaratinguetá	42.419.457,93	52.070.164,35	22,75	59.527.932,34	35.039.659,45	(41,14)
Ilha Solteira	28.219.749,95	26.945.078,86	(4,52)	1.369.287,54	524.153,76	(61,72)
Jaboticabal	32.034.131,11	32.740.025,05	2,20	11.806.647,31	14.703.526,49	24,54
Marília	57.072.611,75	105.110.914,28	84,17	56.776.569,30	57.969.899,04	2,10
Presidente Prudente	69.496.845,70	81.793.521,63	17,69	63.487.427,64	31.848.335,65	(49,84)
Rio Claro	78.323.837,26	82.729.094,22	5,62	104.656.618,39	106.502.416,25	1,76
São José do Rio Preto	143.959.337,52	178.373.044,95	23,91	145.550.457,04	71.651.431,73	(50,77)
São José dos Campos	359.761.349,62	436.090.273,24	21,22	744.843.440,86	512.389.579,27	(31,21)
Total	1.316.702.310,06	1.500.030.311,92	13,92	1.548.998.807,30	1.073.766.505,96	(30,68)

Fonte: Execução Orçamentária – Prefeituras Municipais.
(1) Valores ajustados em R$ de julho de 1999 – IGP-DI – Centrado.
** Montante do ICMS arrecadado nos municípios.

A análise comparativa da relação entre os indicadores UNESP-ICMS/ICMS arrecadado (Tabela 4.3) permite verificar que entre os anos de 1996 e 2001 essa relação aumentou de 24,87% para 36,56%. Isso se deve em boa parte à queda, em termos reais, da arrecadação do ICMS nos municípios estudados, como observado há pouco. No entanto, é importante notar que entre os anos considerados o montante de recursos do ICMS recebido pelos quatorze *campi* da UNESP cresceu 1,91%. Trata-se de um percentual pequeno, mas é um crescimento expressivo se considerarmos que o montante do ICMS arrecadado nesses municípios apresentou, na média, uma redução de 30,68%.

A relação entre os indicadores Recursos UNESP/Receita Total dos municípios apresentada na Tabela 4.4 demonstra que não ocorreram mudanças nos cinco anos decorridos entre a realização das pesquisas. Ou seja, essa relação que, em 1996, era de 30,69% na média dos quatorze *campi* passou para 30,18% em 2001. Ou seja, os recursos movimentados pelos *campi* da UNESP mantiveram a mesma proporção relativamente à receita dos municípios. Conforme observado tanto na pesquisa anterior quanto no Capítulo 3 deste trabalho, essa proporção é significativa se tivermos em conta o porte demográfico e produtivo de muitos desses municípios. Destacam-se os *campi* de Botucatu e de Jaboticabal, nos quais os recursos movimentados são superiores ao montante da receita municipal.

A esses resultados devem ser adicionados os gastos que os alunos realizam nas cidades onde os *campi* da UNESP estão instalados. Na Tabela 4.5 podem-se observar os resultados comparativos das duas pesquisas. Em 1996, no somatório dos quatorze *campi*, os alunos realizaram um gasto anual de R$ 83,8 milhões, montante que alcançou R$ 190,4 milhões em 2001. Ou seja, ocorreu, no período, um crescimento de 127,11% no total dos gastos que os alunos realizaram nessas cidades. Esse resultado está relacionado a dois fatores. Em primeiro lugar, ao aumento do número de alunos. Nos quatorze *campi* considerados, o número total de alunos de graduação e pós-graduação passou de 23.466, em 1996, para 32.848, em 2001, representando um crescimento na ordem de 40%. Em segundo, é preciso recordar que na recente pesquisa foram computados os gastos dos alunos de pós-graduação, procedimento não adotado na pesquisa anterior. No entanto, isso não reduz a importância do resultado obtido na segunda pesquisa se considerarmos que nos dois anos mencionados o número de alunos de graduação passou de 19.091 para 23.529, significando um crescimento da ordem de 23%.

Tomando o FPM[7] como parâmetro comparativo, observa-se que, em 1996, o gasto anual dos alunos representava, na média dos quatorze municípios,

7 O FPM constitui uma parcela da receita dos municípios transferida pelo governo federal. De modo geral, nos quatorze municípios estudados o FPM representa, na média, 10% da Receita Total.

Tabela 4.3 – Comparações entre o ICMS municipal e o ICMS da UNESP – 1996 e 2001 – R$[1]

Campus	ICMS arrecadado* 1996 (A)	UNESP-ICMS** 1996 (B)	(B/A) – (%) 1996	ICMS arrecadado* 2001 (C)	UNESP-ICMS** 2001 (D)	(D/C) – (%) 2001
Araçatuba	50.846.429,53	16.096.649,03	31,66	18.899.108,87	18.472.755,94	97,74
Araraquara	79.089.195,35	53.064.870,95	67,09	50.573.030,97	56.173.985,37	111,07
Assis	6.205.492,62	15.724.237,45	253,39	6.583.032,69	17.076.111,72	259,40
Bauru	134.869.226,31	25.907.780,49	19,21	60.139.300,82	28.626.418,61	47,60
Botucatu	18.583.233,97	123.434.928,43	664,23	21.050.032,41	108.744.600,73	516,60
Franca	71.386.849,10	8.844.307,16	12,39	85.892.998,54	9.958.873,43	11,59
Guaratinguetá	59.527.932,34	12.683.719,53	21,31	35.039.659,45	14.268.196,63	40,72
Ilha Solteira	1.369.287,54	15.571.664,93	1.137,21	524.153,76	16.799.187,46	3.205,0
Jaboticabal	11.806.647,31	31.826.470,80	269,56	14.703.526,49	33.549.052,90	228,17
Marília	56.776.569,30	12.891.784,03	22,71	57.969.899,04	14.430.345,58	24,89
Presidente Prudente	63.487.427,64	13.277.682,06	20,91	31.848.335,65	15.363.700,01	48,24
Rio Claro	104.656.618,39	27.425.551,22	26,21	106.502.416,25	29.302.983,28	27,51
São José do Rio Preto	145.550.457,04	18.921.646,33	13,00	71.651.431,73	20.173.708,72	28,16
São José dos Campos	744.843.440,86	9.571.135,52	1,28	512.389.579,27	9.668.313,83	1,89
Total	1.548.998.807,30	385.242.427,90	24,87	1.073.766.505,96	392.608.234,20	36,56

Fonte: Assessoria de Orçamento e Planejamento (Aplo) – Reitoria – UNESP e Delegacias Regionais da Receita Estadual.
(1) Valores ajustados em R$ de julho de 1999 – IGP-DI – Centrado.
* Montante do ICMS arrecadado nos municípios.
** Recursos da UNESP provenientes do ICMS.

Tabela 4.4 – UNESP – Relação entre o total dos recursos financeiros movimentados pelos *Campi* da UNESP

Campus	Recursos UNESP* 1996 (A)	Receita Total 1996 (B)	(A/B) %	Recursos UNESP* 2001 (D)	Receita Total 2001 (E)	(D/E) %
Araçatuba	17.404.983,69	87.111.083,52	19,98	19.210.286,73	103.508.217,45	18,56
Araraquara	57.432.398,48	80.128.951,53	71,67	61.477.748,68	100.862.471,03	60,95
Assis	16.651.857,38	37.279.950,20	44,67	17.969.019,95	41.143.920,93	43,67
Bauru	26.084.642,13	126.007.806,58	20,70	29.708.224,67	108.799.203,99	27,31
Botucatu	127.091.246,90	42.859.715,18	296,53	147.313.614,98	45.566.025,43	323,30
Franca	9.153.653,18	132.027.482,20	6,93	10.370.394,38	104.298.356,51	9,94
Guaratinguetá	13.304.024,90	42.419.457,93	31,36	15.013.490,00	52.070.164,35	28,83
Ilha Solteira	18.841.374,05	28.219.749,95	66,77	18.965.115,75	26.945.078,86	70,38
Jaboticabal	33.348.091,67	32.034.131,11	104,10	37.527.126,93	32.740.025,05	114,62
Marília	13.127.519,54	57.072.611,75	23,00	14.635.584,85	105.110.914,28	13,92
Presidente Prudente	13.524.414,05	69.496.845,70	19,46	16.261.057,33	81.793.521,63	19,88
Rio Claro	28.648.086,52	78.323.837,26	36,58	33.657.719,74	82.729.094,22	40,68
São José do Rio Preto	19.478.423,90	143.959.337,52	13,53	20.684.038,08	178.373.044,95	11,60
São José dos Campos	9.964.267,90	359.761.349,62	2,77	9.907.964,59	436.090.273,24	2,27
Total	404.054.984,30	1.316.702.310,06	30,69	452.701.386,66	1.500.030.311,92	30,18

Fonte: Prefeituras Municipais e Assessoria de Orçamento e Planejamento (Aplo) – Reitoria – UNESP.
(1) Valores ajustados em R$ de julho de 1999 – IGP-DI – Centrado.
* Total de recursos financeiros (recursos do ICMS + receitas próprias + receitas de convênios).

Tabela 4.5 – UNESP – Gastos dos alunos – 1996 e 2001 – Em R$[1]

Municípios	Gasto anual 1996 (A)	Gasto anual 2001 (B)	Variação (%) (B/A)
Araçatuba	2.881.140,93	4.148.748,42	44,00
Araraquara	11.610.263,96	33.073.401,55	184,86
Assis	4.547.364,23	10.122.978,17	122,61
Bauru	17.129.380,98	22.190.184,12	29,54
Botucatu	11.225.054,72	31.283.968,01	178,70
Franca	4.042.701,25	10.097.839,14	149,78
Guaratinguetá	4.219.562,81	6.794.716,96	61,03
Ilha Solteira	2.878.370,48	5.884.812,49	104,45
Jaboticabal	4.954.752,61	15.298.409,13	208,76
Marília	3.006.697,90	11.387.566,49	278,74
Presidente Prudente	4.921.753,33	12.308.083,87	150,08
Rio Claro	6.120.820,59	13.193.034,29	115,54
São José do Rio Preto	5.026.707,83	8.705.218,54	73,18
São José dos Campos	1.295.421,57	5.965.349,54	360,49
Total	**83.859.993,18**	**190.454.310,73**	**127,11**

(1) Valores ajustados em R$ de julho de 1999 – IGP-DI – Centrado.

81,79% dos recursos do Fundo repassados pela União. Em 2001, esse percentual passou para 163,12% (Tabela 4.6). Ou seja, nesse ano, os gastos dos alunos passaram a ser 63% maiores do que o montante do FPM. Nesse mesmo ano, merecem destaque os elevados percentuais observados nos municípios de Araraquara, Bauru, Botucatu, Ilha Solteira e Jaboticabal. Dos quatorze municípios, em apenas três deles a relação gasto anual dos alunos/FPM foi inferior a 100%; nos demais, o montante de gasto anual dos alunos, em 2001, ultrapassou o valor do FPM. Ressalte-se que, em 1996, em apenas cinco municípios, essa relação era superior a 100%, evidenciando que, nos cinco anos decorridos entre as duas pesquisas, o montante de recursos gastos pelos alunos da UNESP cresceu muito mais do que o valor que esses municípios receberam via transferência do FPM.

A análise dos números referentes aos impactos dos gastos dos alunos sobre o mercado imobiliário das cidades mostra também resultados significativos. Em 1996, os alunos realizaram uma despesa no valor de R$ 19 milhões no aluguel

Tabela 4.6 – Comparação entre os gastos dos alunos da UNESP e a arrecadação do Fundo de Participação dos Municípios (FPM) – 1996 e 2001 – Em R$[1]

Campus	Gasto anual dos alunos 1996 (A)	FPM – 1996 (B)	A/B %	Gasto anual dos alunos 2001 (C)	FPM – 2001 (D)	C/D %
Araçatuba	2.881.140,93	9.041.400,49	31,87	4.148.748,42	10.666.877,37	38,89
Araraquara	11.610.263,96	9.041.400,49	128,41	33.073.401,55	10.351.184,93	319,51
Assis	4.547.364,23	4.850.145,67	93,76	10.122.978,17	5.733.309,51	176,56
Bauru	17.129.380,98	9.055.832,61	189,15	22.190.184,12	10.351.024,74	214,38
Botucatu	11.225.054,72	5.154.091,79	217,79	31.283.968,01	5.244.141,18	596,55
Franca	4.042.701,25	9.314.797,84	43,40	10.097.839,14	8.798.350,19	114,77
Guaratinguetá	4.219.562,81	5.542.697,00	76,13	6.794.716,96	6.167.790,50	110,16
Ilha Solteira	2.878.370,48	2.128.929,33	135,20	5.884.812,49	2.654.215,64	221,72
Jaboticabal	4.954.752,61	4.157.022,72	119,19	15.298.409,13	4.890.023,44	312,85
Marília	3.006.697,90	9.041.400,49	33,25	11.387.566,49	10.351.185,02	110,01
Presidente Prudente	4.921.753,33	9.041.400,49	54,44	12.308.083,87	10.105.108,61	121,80
Rio Claro	6.120.820,59	8.112.622,84	75,45	13.193.034,29	10.744.090,54	122,79
São José do Rio Preto	5.026.707,83	9.041.400,49	55,60	8.705.218,54	10.351.184,92	84,10
São José dos Campos	1.295.421,57	9.004.195,53	14,39	5.965.349,54	10.351.184,92	57,63
Total	83.859.993,17	102.527.337,76	81,79	190.454.310,73	116.759.671,52	163,12

Fonte: Execução Orçamentária – Prefeituras Municipais.
(1) Valores ajustados em R$ de julho de 1999 – IGP-DI – Centrado.

Tabela 4.7 – UNESP – Impactos dos gastos dos alunos no mercado imobiliário – 1996 e 2001

Campus	Gasto total anual* – R$ 1996 (A)	Gasto total anual** – R$ 2001 (B)	Variação (%) B/A	Quantidade de casas alugadas – 1996 (C)	Quantidade de casas alugadas – 2001 (D)	Variação (%) D/C
Araçatuba	691.406,69	1.012.712,39	46,47	96	168	74,23
Araraquara	2.446.594,16	7.574.018,08	209,57	400	1.175	193,91
Assis	1.049.687,75	2.283.781,75	117,57	230	525	127,95
Bauru	4.588.360,06	5.477.400,35	19,38	627	1.055	68,22
Botucatu	3.652.610,58	7.244.689,48	98,34	458	983	114,48
Franca	844.900,70	2.122.306,49	151,19	181	425	135,41
Guaratinguetá	698.862,77	1.280.680,65	83,25	162	165	1,80
Ilha Solteira	304.366,22	1.183.946,46	288,99	248	290	16,92
Jaboticabal	1.386.113,73	2.911.336,85	110,04	195	493	153,17
Marília	311.141,98	2.810.579,19	803,31	109	667	510,66
Presidente Prudente	298.243,20	2.889.817,40	868,95	139	565	307,02
Rio Claro	1.522.291,26	3.628.939,96	138,39	278	674	142,2
São José do Rio Preto	55.352,63	1.857.791,98	117,20	195	349	79,08
São José dos Campos	369.312,22	913.021,47	147,22	44	100	126,94
Total	19.019.243,95	43.191.022,48	127,09	3.363	7.634	127,01

Fonte: Execução orçamentária – Prefeituras Municipais.
(1) Valores ajustados em R$ de julho de 1999 – IGP-DI – Centrado.
* Valor gasto com aluguel de casas ("repúblicas").

Tabela 4.8 – UNESP – Estimativa dos recursos financeiros injetados – Relações com a arrecadação municipal – 1996 e 2001 – Em R$[1]

Campus	Recursos injetados – 1996 (A)	Receita municipal – 1996 (B)	% A/B	Recursos injetados – 2001 (C)	Receita municipal – 2001 (D)	% C/D
Araçatuba	16.805.127,88	87.111.083,52	19,29	19.516.977,80	103.508.217,45	18,86
Araraquara	57.556.182,75	80.128.951,53	71,83	82.255.600,49	100.862.471,03	81,55
Assis	17.868.850,14	37.279.950,20	47,93	24.498.194,13	41.143.920,93	59,54
Bauru	37.997.094,68	126.007.806,58	30,15	45.956.763,86	108.799.203,99	42,24
Botucatu	112.898.052,24	42.859.715,18	263,41	149.134.860,00	45.566.025,43	327,29
Franca	11.365.623,80	132.027.482,20	8,61	18.394.154,65	104.298.356,51	17,64
Guaratinguetá	14.862.782,73	42.419.457,93	35,04	18.805.508,96	52.070.164,35	36,12
Ilha Solteira	17.951.469,71	28.219.749,95	63,61	21.056.905,08	26.945.078,86	78,15
Jaboticabal	31.633.225,94	32.034.131,11	98,75	45.320.110,67	32.740.025,05	138,42
Marília	13.508.713,53	57.072.611,75	23,67	23.096.034,37	105.110.914,28	21,97
Presidente Prudente	15.741.284,57	69.496.845,70	22,65	25.316.929,74	81.793.521,63	30,95
Rio Claro	29.039.289,81	78.323.837,26	37,08	40.119.210,08	82.729.094,22	48,49
São José do Rio Preto	20.609.446,95	143.959.337,52	14,32	25.252.449,01	178.373.044,95	14,16
São José dos Campos	9.266.835,89	359.761.349,62	2,58	13.891.721,22	436.090.273,24	3,19
Total	407.103.980,61	1.316.702.310,06	30,92	552.615.420,06	1.500.030.311,92	36,84

Fonte: Execução Orçamentária – Prefeituras Municipais.
(1) Valores ajustados em R$ de julho de 1999 – IGP-DI – Centrado.

de casas para a instalação de "repúblicas". Em 2001, esse valor alcançou R$ 43,2 milhões, isto é, um crescimento de 127,09%. No que se refere ao número de casas alugadas, este passou de 3.363, em 1996, para 7.634, em 2001, representando um crescimento de 127,01% (Tabela 4.7).

Finalmente, a Tabela 4.8 mostra a evolução dos recursos injetados pelos *campi* da UNESP na economia dos quatorze municípios e compara o montante desses recursos com a receita orçamentária de cada uma das cidades.

Entre os anos de 1996 e 2001, ocorreu um aumento da proporção dos recursos injetados relativamente ao total da receita municipal, passando de 30,92% em 1996 para 36,84% em 2001. Ou seja, o montante de recursos injetados pelos *campi* da UNESP nos municípios cresceu, em média, proporcionalmente mais do que a receita dos quatorze municípios. Isso se confirma se considerarmos que entre os anos estudados os recursos injetados pela UNESP cresceram 35,7% (de R$ 407 para R$ 552,6 milhões), enquanto a receita municipal cresceu 13,9% (de R$ 1,3 para R$ 1,5 milhão), conforme se observa na Tabela 4.8.

Os números apresentados demonstram que nesses cinco anos os impactos econômicos e financeiros da presença da UNESP ampliaram-se consideravelmente, evidenciando seu caráter dinâmico para os municípios onde ela está presente.

Nesse sentido, pode-se afirmar que os investimentos governamentais nas universidades públicas e o trabalho científico por elas desenvolvido são necessários e indispensáveis para o dinamismo das economias das cidades que as abrigam.

Conforme observado anteriormente, reitera-se que as universidades públicas são importantes não apenas pelo seu caráter meritório, mas também pelo papel que exercem como fator de dinamismo para as economias dos municípios e das regiões onde estão localizadas.

5
Metodologia

Introdução

Em 1996, ocasião em que se realizava a primeira pesquisa, inexistia um modelo metodológico conhecido para a avaliação dos impactos econômicos e financeiros das universidades nas cidades onde elas estavam instaladas, tornando necessária a criação de uma metodologia que foi sendo construída no decorrer do processo. A metodologia utilizada nesta segunda pesquisa praticamente foi a mesma, apenas com a introdução de algumas variáveis, como a incorporação das despesas das Fundações como recursos não provenientes do ICMS. Basicamente, a metodologia construída buscou a realização de procedimentos que viabilizassem os objetivos previamente definidos, ou seja, dimensionar o montante de recursos financeiros movimentados pelo *campus* da UNESP e avaliar os principais efeitos da circulação desses recursos para as economias dos municípios.

Decorridos cinco anos da primeira pesquisa, continua procedente a observação de que a metodologia utilizada provavelmente tenha deixado de contemplar outros aspectos que este tipo de estudo permite, uma vez que a escolha dos indicadores trabalhados depende das características de cada *campus* e das peculiaridades da estrutura produtiva de cada cidade.

Indicadores, conceituação e fontes

Indicadores financeiros

No Quadro 5.1 estão relacionados os indicadores referentes aos recursos financeiros movimentados pelas unidades dos *campi* da UNESP, da perspectiva de sua origem (receita) e de seu destino (despesa).

Quadro 1 – Recursos financeiros da UNESP

1. Recursos provenientes do ICMS
1.1 Despesa de pessoal
1.2 Despesa com vales-refeição e transporte
1.3 Despesa com bolsas e auxílios
1.4 Outras despesas de custeio
1.5 Investimentos
Subtotal (1)
2. Recursos não-provenientes do ICMS (receitas próprias, receitas de convênios, receitas das Fundações*)
2.1 Despesas de custeio
2.2 Investimento
Subtotal (2)
TOTAL (1) + (2)

* Ver nota n.5, Capítulo 3.

Conceituação dos itens do Quadro 5.1

Despesas realizadas com recursos do ICMS

Despesa de pessoal: refere-se à parte líquida da folha de pagamento das unidades, incluindo o pagamento de plantões.

Despesa com vales-refeição e transporte: quantidade de benefícios *versus* valor de face dos vales *versus* quantidade de vales.

Despesa com bolsas e auxílios: refere-se ao montante de recursos repassados pela Reitoria para o pagamento das bolsas do Programa de Auxílio aos Estudantes (PAE) e demais auxílios concedidos pelas unidades com recursos próprios.

Outras despesas de custeio: são os gastos de manutenção da unidade, como limpeza, material de escritório, energia elétrica, telefone, água, manutenção de equipamentos etc.

Investimentos: dispêndios com obras, material permanente, livros, reformas etc.

Despesas realizadas com recursos obtidos por meio das receitas próprias, das receitas de convênios e das receitas das Fundações: as receitas próprias são os recursos obtidos pelas unidades com os serviços de xerox, análises químicas, bioquímicas, encadernações, taxas de serviços etc. As receitas de convênios constituem os recursos obtidos pelos professores individualmente, pelos grupos de pesquisas, Fundações, mediante convênios realizados com instituições nacionais e internacionais. No caso das Fundações, algumas unidades universitárias da UNESP criam essas instituições sem fins lucrativos que têm como objetivos, entre outros, gerenciar os cursos de extensão e de especialização ofertados; realizar e administrar convênios com instituições públicas e privadas etc.

Despesas de custeio: realizadas com as receitas próprias, com os recursos obtidos por meio dos convênios e os recursos financeiros movimentados pelas Fundações.

Investimentos: realizados com as receitas próprias, com os recursos dos convênios e das Fundações.

Fontes de obtenção dos dados

As informações relativas ao item 1 do Quadro 5.1 foram obtidas na Assessoria de Planejamento e Orçamento da Reitoria, e os dados do item 2, nas divisões de contabilidade e/ou de finanças das unidades (faculdades ou institutos) e nos relatórios de prestação de contas das Fundações.

Parâmetros comparativos, conceituação e fontes

Tributos municipais

Dimensionados os valores dos recursos movimentados pelas faculdades ou institutos de cada um dos *campi* da UNESP, foram utilizados parâmetros comparativos que permitissem aferir o seu significado e o seu impacto para a economia das cidades. Um dos principais parâmetros utilizados foi a arrecadação tributária dos municípios. Essa comparação justifica-se na medida em que a maior parte dos recursos da UNESP e, por conseqüência, de suas unidades provém da arrecadação de um imposto, ou seja, o ICMS. Os itens da arrecadação municipal mais significativos para a realização da análise comparativa estão indicados no Quadro 5.2.

Quadro 5.2 – Parâmetros comparativos – Arrecadação de tributos nos municípios

1. Receita total
2. Receita tributária própria
3. Cota-parte do ICMS
4. Outras transferências intergovernamentais
5. ICMS arrecadado em cada município

Conceituação dos itens do Quadro 5.2

Receita total: Receitas Correntes + Receitas de Capital

Receita tributária própria: Impostos + Taxas

Cota-parte do ICMS: são as receitas referentes à participação dos municípios na arrecadação do ICMS do Estado. Embora seja uma receita transferida pelo governo estadual e, portanto, classificada no balanço municipal como transferência intergovernamental, essa categoria foi separada das demais transferências, uma vez que ela se constitui em um importante parâmetro comparativo com os recursos orçamentários da UNESP provenientes da arrecadação do ICMS.

Outras transferências intergovernamentais: receitas recebidas pelos municípios por meio do FPM e do IPVA. Excetuando a cota-parte do ICMS, trabalhada como categoria isolada, o FPM e o IPVA representam a quase totalidade das demais transferências recebidas pelos municípios.

ICMS arrecadado: refere-se ao montante desse imposto recolhido pelas empresas de cada município aos cofres do governo do Estado.

Fontes de obtenção dos dados

Os itens 1 a 4 do Quadro 5.2 são informações obtidas na Execução Orçamentária constante dos Balanços das Prefeituras Municipais. O dado do item 5 pode ser obtido na Secretaria da Receita Estadual – escritório local ou regional.

Análise comparativa

As informações constantes dos Quadros 5.1 e 5.2 permitem estabelecer relações com o objetivo de avaliar o impacto e o significado dos recursos movimentados pela UNESP, como:

Relação percentual entre o ICMS da UNESP e o ICMS arrecadado nos municípios

Permite avaliar qual o percentual do ICMS recolhido que volta para as cidades via UNESP, mostrando a importância da Universidade como vetor de recursos tributários que retornam para os municípios.

Relação percentual entre o ICMS-UNESP e a cota-parte do ICMS municipal

Do total do ICMS arrecadado no Estado, 25% são distribuídos aos municípios. A cota-parte do ICMS representa a parcela que cabe a cada município. Portanto, da mesma forma que o indicador mencionado no item 1 (ICMS arrecadado), a cota-parte do ICMS recebida pelo município é um parâmetro comparativo importante.

Relação entre o total de recursos movimentados pelos *campi* e a receita total dos municípios

Dado que os gastos tanto da UNESP quanto dos municípios têm sua contrapartida nas receitas, essa relação permite dimensionar, em termos comparativos, a representatividade da execução orçamentária dos *campi* da UNESP ante a dos municípios.

Relação entre os recursos da UNESP, a receita tributária e as transferências intergovernamentais

Aplica-se para essa relação o mesmo raciocínio desenvolvido no item 3. Ela também se justifica quando se constata que, em muitos casos, o valor das receitas das unidades da UNESP é maior do que a arrecadação municipal de impostos e taxas e do que as receitas obtidas pelo município mediante o FPM + o IPVA.

Outros parâmetros comparativos

Além dos parâmetros mencionados, pode-se recorrer a outros indicadores que possibilitam uma comparação com o valor dos recursos monetários movimentados pela UNESP. Exemplos:

- valor adicionado do município que, conceitualmente, representa o Produto Interno Bruto (PIB) municipal, ou seja, a quantidade de riqueza gerada no município, em um determinado período de tempo;
- faturamento ou investimento de empresas locais.

Existem diversos parâmetros que podem ser utilizados para avaliar e dimensionar o significado econômico-financeiro da UNESP para os municípios onde ela está presente. Sua escolha depende das especificidades da estrutura produtiva de cada cidade.

Os gastos dos alunos

A pesquisa para o dimensionamento dos gastos dos alunos foi desenvolvida mediante aplicação de um questionário com o objetivo de mensurar o gasto médio mensal *per capita*. Para tanto, foram considerados como principais despesas: aluguel, alimentação, material didático, lazer, vestuário, transportes, cursos de línguas e/ou de informática.

Nos quatorze *campi* da UNESP, foram entrevistados, em média, 14% do total dos alunos de graduação, com uma distribuição proporcional ao número de alunos por curso.

Ao contrário do procedimento adotado na pesquisa realizada em 1996, na presente pesquisa dimensionaram-se os gastos dos alunos de pós-graduação.

A amostra para esses alunos foi dimensionada também em 14%. No entanto, na prática não se conseguiu esse percentual de entrevistas nos vários *campi* em razão de parcela considerável desses alunos não residir na cidade onde realiza o curso. Trata-se de um contingente de profissionais já graduados, muitos dos quais integrados profissionalmente ao mercado de trabalho, que se desloca até as cidades-sede da UNESP uma ou duas vezes por semana para cumprir as atividades relacionadas aos seus cursos de pós-graduação, o que dificulta sua localização para aplicar o questionário. A tentativa de localizar esses alunos por meio de correio eletrônico ou de deixar os questionários nas seções de pós-graduação para serem respondidos não teve o retorno esperado.

Os entrevistados foram sorteados utilizando-se um programa especialmente montado para esse fim, sendo incluídos na amostra somente os alunos cujas famílias não residem nas cidades onde eles estudam. A técnica utilizada foi a da entrevista direta.

Recursos movimentados nos municípios

Os valores obtidos, referentes ao gasto médio mensal ou anual dos alunos, somados ao montante dos recursos movimentados pelos *campi*, possibilitaram dimensionar o *quantum* dos gastos da UNESP e de seus alunos nas cidades, durante um determinado período.

Admitiu-se que os recursos da UNESP não são gastos integralmente nos municípios, uma vez que algumas empresas fornecedoras de serviços ou de produtos estão localizadas em outras cidades.[1] Além disso, com base em uma pesquisa realizada no *campus* de Araraquara (Freitas, 1997), considerou-se que os docentes e os servidores técnico-administrativos gastam, em média, 20% de seus salários em outras localidades. Tendo esses fatores como referência, estimou-se que 80% do total dos recursos que a UNESP movimentou no período estudado foram efetivamente gastos nos municípios.

1 Informações obtidas nas seções de compras das várias unidades universitárias das UNESP confirmam que, em média, 80% do montante das despesas com compra de material de escritório, de manutenção, equipamentos etc. realizam-se no próprio município.

Considerações finais

Os resultados obtidos na presente pesquisa mostram que os impactos econômicos e financeiros da UNESP para os municípios são mais significativos hoje do que foram em 1996.

A distribuição geográfica dos *campi* da UNESP espalhados por várias cidades do interior paulista permite que ela irradie inúmeros benefícios (educacionais, culturais, científicos, técnicos, econômicos, financeiros, sociais) para inúmeras regiões do Estado. São poucas as universidades que possuem essa característica.

Daí deriva o grande interesse dos municípios paulistas em abrigar em seus territórios unidades universitárias da UNESP. Não foi por outra razão que a proposta de criação de novos *campi* da UNESP motivou a disputa de vários municípios interessados em abrigá-los.

A aprovação pelo Conselho Universitário da UNESP da criação de novos *campi* nas cidades de Dracena, Itapeva, Ourinhos, Registro, Rosana, Sorocaba/Iperó e Tupã, escolhidas a partir de indicadores de carências socioeconômicas e por serem caracterizadas como regiões com baixo grau de oferta de ensino universitário, deverá resultar na ampliação espacial do dinamismo induzido pela presença da UNESP.

Sempre é necessário reafirmar, contudo, que, da mesma forma que as demais universidades públicas, a UNESP tem problemas. Eles existem e não serão facilmente solucionados sobretudo porque, comparativamente ao ano de 1996, agravaram-se os problemas estruturais da Universidade tanto pelo aumento da escassez de recursos financeiros quanto pelo aprofundamento da política nacional de sucateamento da rede de ensino público superior do país.

No caso das universidades públicas paulistas, corremos o risco de inviabilizar nosso futuro enquanto não for encontrada uma solução para três graves problemas estruturais: o peso dos inativos em nosso orçamento; o passivo representado pelos precatórios; e os recursos para a manutenção dos hospitais universitários que também sobrecarregam demasiadamente nosso custeio.

Muito embora a autonomia financeira das universidades públicas paulistas implementada a partir de 1989 tenha contribuído para aprimorar a eficiência na gestão dos recursos financeiros com resultados benéficos que vêm sendo apropriados pelas próprias universidades, há ainda um bom caminho a percorrer.

O aprimoramento da eficiência na utilização dos recursos públicos passa, necessariamente: (1) pela agilização dos processos decisórios internos que são excessivamente fragmentados, demandando um longo tempo para que as decisões sejam tomadas; (2) pela descentralização das decisões; e (3) pela elaboração do planejamento estratégico como instrumento, permitindo, entre outros resultados, que as questões de médio e longo prazos se sobreponham àquelas de curto prazo.

Sob pena de ser considerado repetitivo, mantenho a opinião, expressa no texto da primeira pesquisa, de que precisamos nos preocupar menos com o varejo e mais com as questões estruturais e coletivas da Universidade. Precisamos buscar formas complementares de financiamento, socializar as já existentes e definir critérios para racionalizar custos.

As indagações feitas em 1996 ainda continuam atuais: Qual é o nosso projeto de Universidade? Como recuperar a identidade de uma instituição pública que deve ser capaz de produzir e transmitir conhecimentos de uso coletivo?

Sem dúvida, um novo projeto para a Universidade pública – diferente do atual modelo imposto por organismos internacionais e que está conduzindo-a rapidamente para a ruína em face do modelo privatista – passa pela elaboração de um projeto nacional de desenvolvimento econômico com justiça social. É a vinculação a esse projeto que dará legitimidade à Universidade como instituição pública.

Começaremos a sair da crise no momento em que essas questões forem incorporadas em nosso cotidiano de trabalho e que, sobretudo, saibamos criar um espaço democrático de discussão que permita refletir e propor um novo projeto para a Universidade pública brasileira.

A estruturação de um projeto alternativo de Universidade é a única maneira de nos colocarmos ativamente contra o modelo privatista de Universidade implantado nestes últimos anos, por força de compromissos assumidos com organismos internacionais, e que nada têm a ver com a realidade brasileira.

Referências bibliográficas

FREITAS JR., Paulo Fernandes. *A inserção socioeconômica da UNESP no Município de Araraquara*: o coeficiente de gastos salariais da comunidade universitária. Monografia de Conclusão do Curso de Ciências Econômicas. Faculdade de Ciências e Letras. Araraquara, 1997. (Mimeogr.).

MARTIN, F. *Les retombées économiques des activités de recherche de l'Université de Montréal et des écoles, hôpitaux et instituts affiliés*. Montréal, 1996. (Mimeogr.).

Anexos

Tabela I – UNESP – Número de docentes, funcionários e alunos – 1996

CAMPUS	DOCENTES			FUNCIONÁRIOS			TOTAL	ALUNOS		
	Ativos	Inativos	Subtotal (1)	Ativos	Inativos	Subtotal (2)	(1+2)	Graduação	Pós-graduação	Total
Araçatuba	140	48	188	320	44	364	552	481	74	555
Araraquara	426	138	564	804	138	942	1.506	2.758	711	3.469
Assis	164	54	218	196	31	227	445	1.281	252	1.533
Bauru	386	13	399	136	1	137	536	3.182	28	3.210
Botucatu	602	92	694	2.607	487	3.094	3.788	1.773	1.066	2.839
Franca	101	38	139	123	16	139	278	1.052	205	1.257
Guaratinguetá	182	23	205	231	34	265	470	938	78	1.016
Ilha Solteira	196	3	199	362	24	386	585	814	92	906
Jaboticabal	239	28	267	677	113	790	1.057	910	497	1.407
Marília	151	52	203	162	43	205	408	1.062	245	1.307
Presidente Prudente	204	27	231	233	35	268	499	1.753	96	1.849
Rio Claro	267	67	334	401	70	471	805	1.532	747	2.279
São José do Rio Preto	187	68	255	219	48	267	522	1.346	211	1.557
São José dos Campos	81	41	122	153	42	195	317	209	73	282
São Paulo*	179	74	253	93	13	106	359	512	68	580
Total	3.505	766	4.271	6.717	1.139	7.856	12.127	19.603	4.443	24.046

Fonte: Anuário Estatístico – UNESP – 2002.

* Instituto de Artes.

Tabela II – UNESP – Número de docentes, funcionários e alunos – 2001

CAMPUS	DOCENTES			FUNCIONÁRIOS			TOTAL	ALUNOS		
	Ativos	Inativos	Subtotal (1)	Ativos	Inativos	Subtotal (2)	(1+2)	Graduação	Pós-graduação	Total
Araçatuba	130	51	181	298	60	358	539	570	143	713
Araraquara	389	183	572	727	222	949	1.521	3.624	1.759	5.383
Assis	152	77	229	177	47	224	453	1.496	490	1.986
Bauru	366	68	434	232	15	247	681	3.929	283	4.212
Botucatu	568	155	723	2.373	739	3.112	3.835	2.228	2.195	4.423
Franca	79	46	125	116	32	148	273	1.345	357	1.702
Guaratinguetá	123	29	152	216	53	269	421	1.148	182	1.330
Ilha Solteira	186	7	193	342	40	382	575	1.032	338	1.370
Jaboticabal	201	74	275	629	155	784	1.059	1.013	1.016	2.029
Marília	131	61	192	146	61	207	399	1.497	474	1.971
Presidente Prudente	183	42	225	225	59	284	509	2.037	205	2.242
Rio Claro	256	78	334	379	79	458	792	1.834	1.284	3.118
São José do Rio Preto	178	91	269	201	77	278	547	1.461	480	1.941
São José dos Campos	74	40	114	142	45	187	301	315	113	428
São Paulo*	41	30	71	79	23	102	173	640	132	772
São Vicente	–	–	--	–	–	--	--	–	–	--
Total	3.057	1.032	4.089	6.282	1.707	7.989	12.078	24169	9451	33.620

Fonte: Anuário Estatístico – UNESP – 2002.

* Instituto de Artes.

** O curso de Ciências Biológicas de São Vicente iniciou suas atividades no ano de 2002.

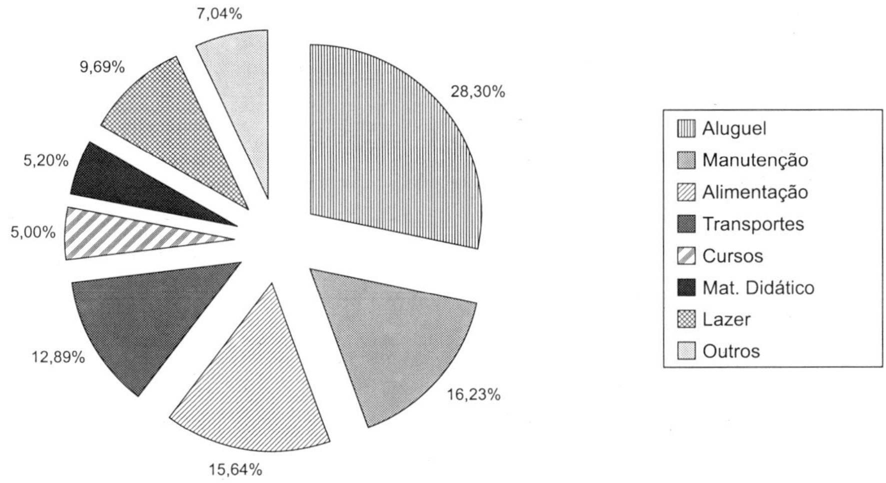

GRÁFICO 1 – UNESP – Araçatuba – Distribuição dos gastos dos alunos – 2002.

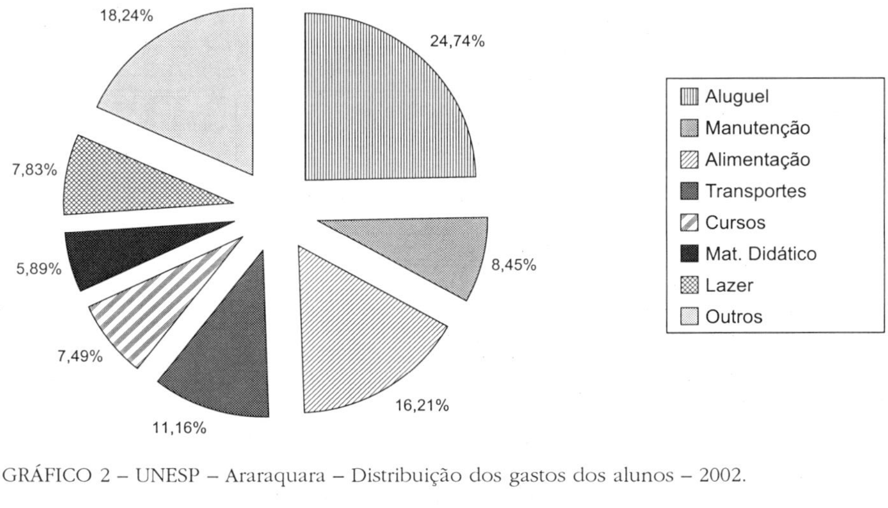

GRÁFICO 2 – UNESP – Araraquara – Distribuição dos gastos dos alunos – 2002.

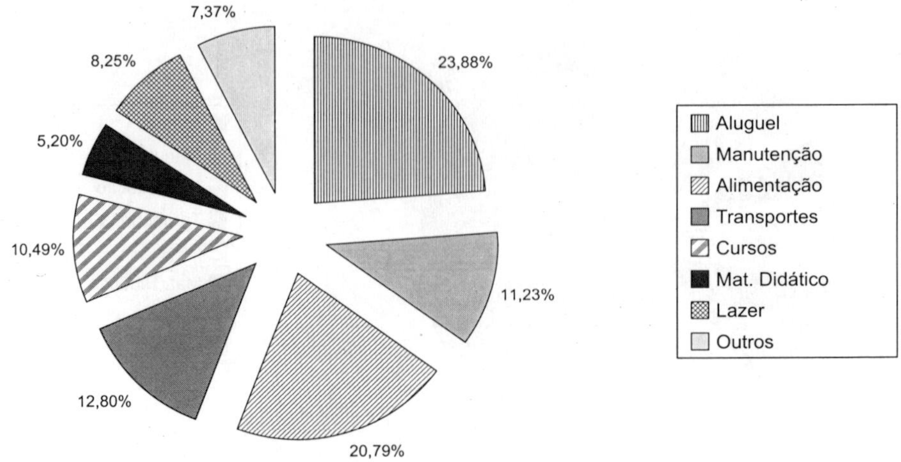

GRÁFICO 3 – Assis – Distribuição dos gastos dos alunos – 2002.

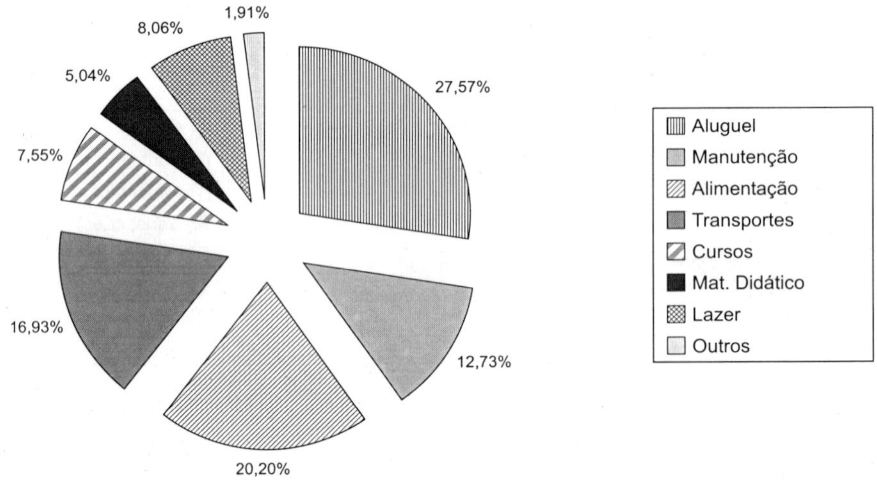

GRÁFICO 4 – Bauru – Distribuição dos gastos dos alunos – 2002.

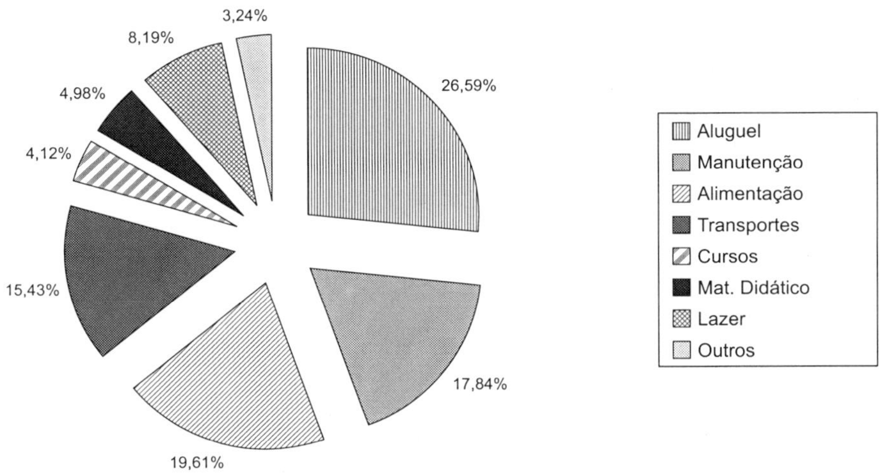

GRÁFICO 5 – Botucatu – Distribuição dos gastos dos alunos – 2002.

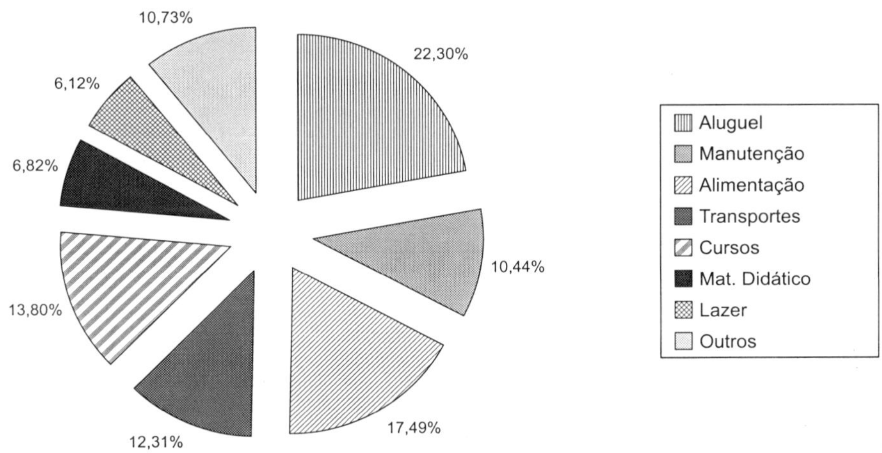

GRÁFICO 6 – Franca – Distribuição dos gastos dos alunos – 2002.

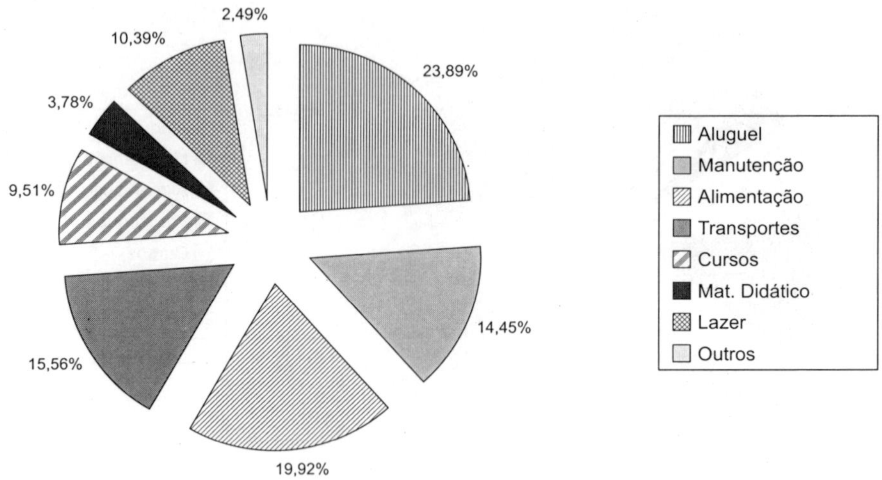

GRÁFICO 7 – Guaratinguetá – Distribuição dos gastos dos alunos – 2002.

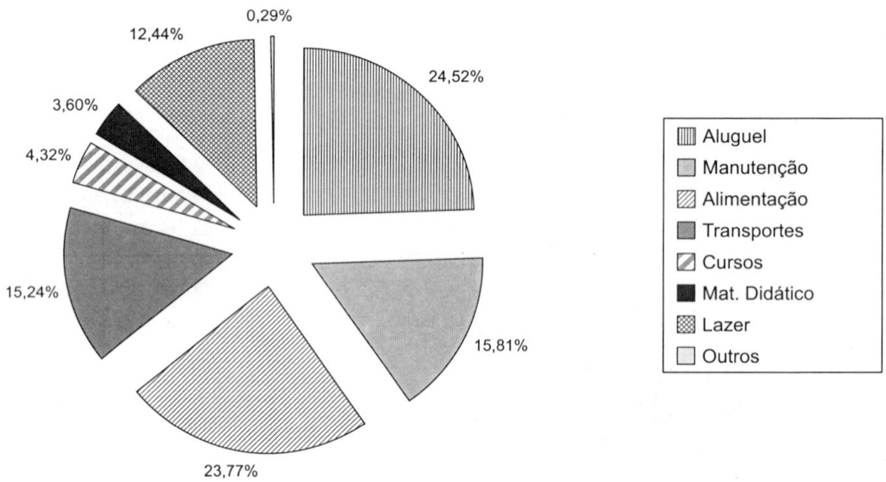

GRÁFICO 8 – Ilha Solteira – Distribuição dos gastos dos alunos – 2002.

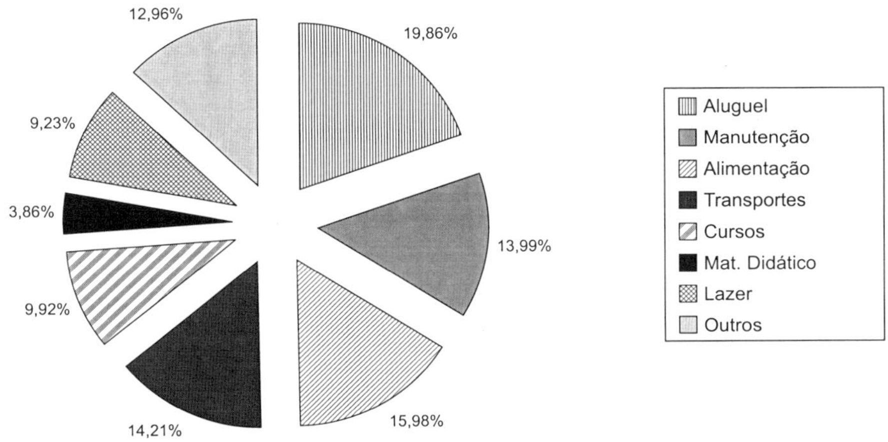

GRÁFICO 9 – Jaboticabal – Distribuição dos gastos dos alunos – 2002.

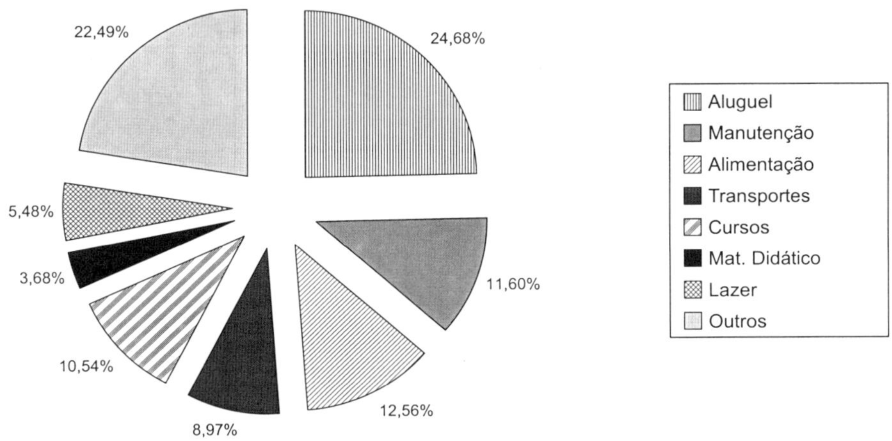

GRÁFICO 10 – Marília – Distribuição dos gastos dos alunos – 2002.

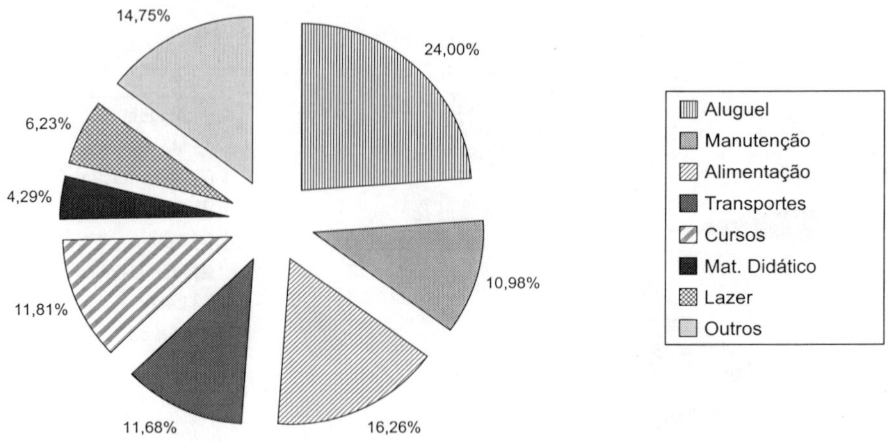

GRÁFICO 11 – Presidente Prudente – Distribuição dos gastos dos alunos – 2002.

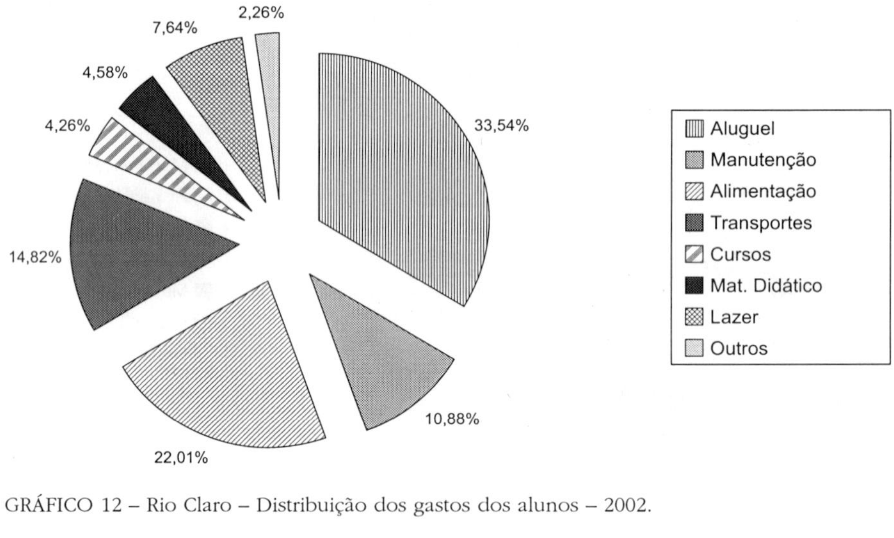

GRÁFICO 12 – Rio Claro – Distribuição dos gastos dos alunos – 2002.

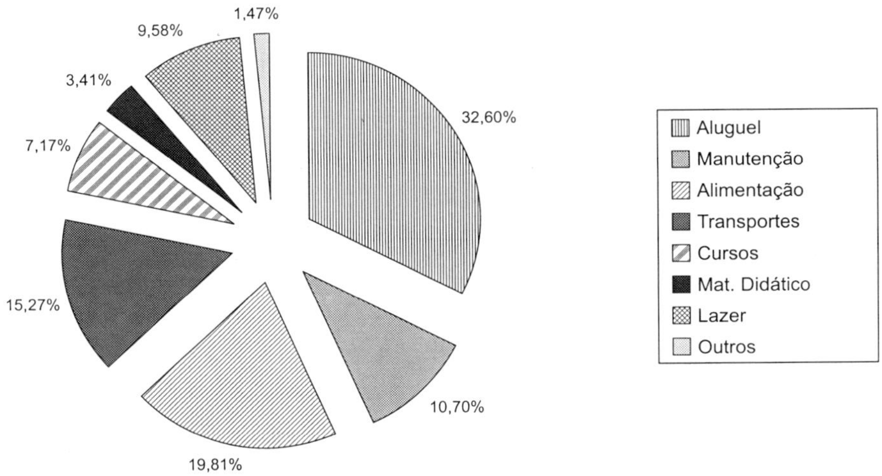

GRÁFICO 13 – São José do Rio Preto – Distribuição dos gastos dos alunos – 2002.

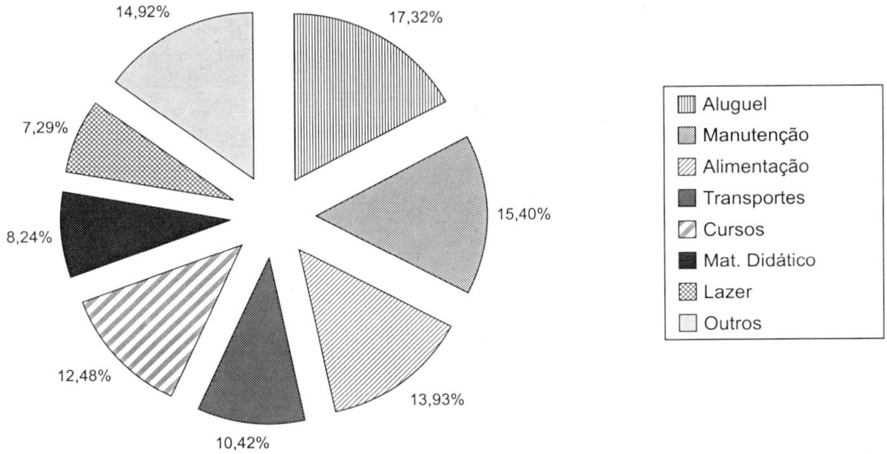

GRÁFICO 14 – São José dos Campos – Distribuição dos gastos dos alunos – 2002.

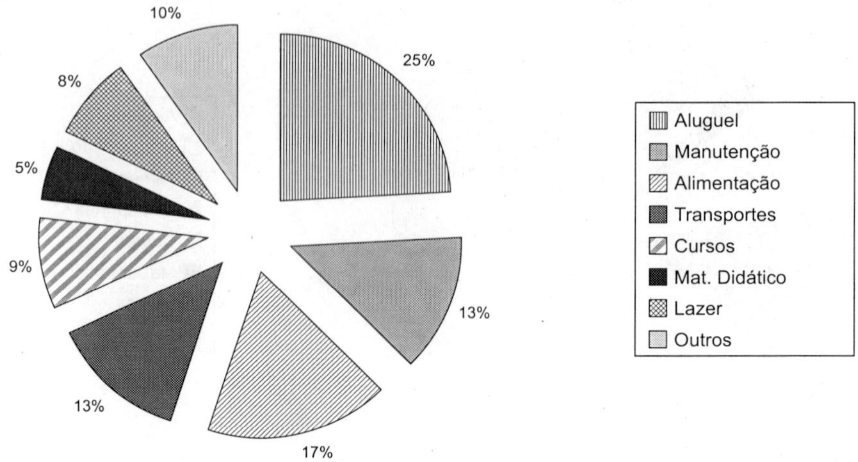

GRÁFICO 15 – UNESP – Distribuição dos gastos dos alunos no conjunto dos *campi* – 2002.

◯ Novos *campi* - unidades diferenciadas

⦿ Unidades universitárias

SOBRE O LIVRO

Formato: 16 x 23 cm
Mancha: 23 x 43 paicas
Tipografia: Gatineau 10/13
Papel: Offset 75 g/m² (miolo)
Cartão Supremo 250 g/m² (capa)
1ª edição: 2003

EQUIPE DE REALIZAÇÃO

Coordenação Geral
Sidnei Simonelli

Produção Gráfica
Anderson Nobara

Edição de Texto
Nelson Luís Barbosa (Assistente Editorial)
Ada Santos Seles (Preparação de Original)
Fábio Gonçalves e
Nelson Luís Barbosa (Revisão)

Editoração Eletrônica
Lourdes Guacira da Silva Simonelli (Supervisão)
AND Studio (Diagramação)

Impressão e Acabamento
na Gráfica Imprensa da Fé